LOW FAT
Brotaufstriche

Dr. Barbara Rias-Bucher

LOW FAT
Brotaufstriche

Weltbild

Inhalt

Leichtes aufs Brot

»Brotzeit ist die schönste Zeit«, heißt es in einem bayerischen Schlager. Den Beweis treten wir auf den folgenden Seiten an: Mehr als 90 Brotaufstriche sind da versammelt – cremig und saftig, traditionell und trendy, herzhaft und süß.

Jedes Rezept gehört zur Kategorie fettarm. Deshalb wird die Leberwurst mit vielen Kräutern schlanker gemacht, und der Quark ist auch ohne Sahne wunderbar leicht und locker.

Regionale Spezialitäten sind mit »Pfälzer Spundekäs« oder »Liptauer« vertreten. Die weite Welt der typischen Brotländer können Sie mit britischen Spreads für bunte Sandwiches und amerikanischen Toppings für Cracker-Häppchen genießen. Und das süße Kapitel zeigt Ihnen Alternativen zu Einheitskonfitüre und kalorienreicher Nougatcreme: schnell Gerührtes mit Obst und Nüssen, das auch den Kindern schmeckt.

Legen Sie doch mal was Neues auf

Brot mit »was drauf« essen die meisten von uns jeden Tag mindestens zweimal – zum Frühstück, zum Abend-»Brot« und oft noch zwischendurch. Erstaunlich genug, dass so wenig Abwechslung auf den Stullen herrscht: Morgens begnügen wir uns mit Marmelade, Honig und Nusscreme. Abends holen wir Aufschnitt und Käse aus dem Kühlschrank. Der Gesundheit zuliebe gibt's ab und zu mal Quark. Und das war es dann auch schon.

Zurück in die Zukunft des Brotbelags

Ein Blick in alte Kochbücher zeigt, dass selbst gemachte Brotaufstriche lange Zeit viel wichtiger als Wurst und Schinken waren – oft aus Gründen der Sparsamkeit. Da wurde aus Resten von Käse und Wurst, aus Kartoffeln und Gemüse höchst Fantasievolles gemixt; Häckerle, Erdäpfelkas und Rettichmus sind nur einige Beispiele dafür (Rezepte Seite 56, 40 und 42). Besonders typisch und köstlich als Resteverwertung: »G'rufter« aus Franken, den Sie als »Fünf-Käse-Creme« auf Seite 20 finden.
In den 80er Jahren des vergangenen Jahrhunderts kam Vollwertiges hinzu; vor allem die Naturköstler haben ungewöhnliche Pasten und Cremes aus Getreide, Hülsenfrüchten und Pilzen erfunden. Damals wollten die Leute in erster Linie Vegetarisches aufs Brot; Fleisch und Fleischprodukte waren durch zahlreiche Lebensmittelskandale ins Gerede gekommen. Gottlob sprach sich bald herum, dass auch Gesundes sehr lecker sein kann. Das beweisen Grünkernpâté, Sojacreme mit Tomaten und Avocado-Tatar (Rezepte Seite 34, 36 und 43).

Die Grundlagen

Für einen Brotaufstrich eignet sich alles, was sich pürieren, zerdrücken oder – mit einem alten Wort so anschaulich beschrieben – »musen« lässt: Leberwurst und Eier, Quark und weicher Käse sind deshalb auch die Klassiker aller guten Sachen auf dem Brot. Geräucherter oder gedünsteter Fisch ergibt eine schnelle und dabei ganz edle Mousse, die Sie nur mit würzigen Zutaten wie Meerrettich oder Kapern zu mischen brauchen. Ein feines Püree können Sie auch mit mehligen Kartoffeln und mit Gemüse zubereiten, das Sie mit Mehl bestäuben und dadurch sämiger machen. Solche Cremes sind übrigens ideal zum kalorienmäßigen Entschärfen von Fettreichem wie Schinken oder Butter: Pürieren Sie einfach gekochten Schinken oder Bratenreste mit beliebigem Gemüse, mischen Sie weiche Butter damit, oder rühren Sie das Püree unter Frischkäse. Abschmecken nicht vergessen, denn die meisten Brotaufstriche vertragen eine gute Prise Kräuter, Gewürze, fettarmen geriebenen Käse und/oder pikante Saucen.

Blick auf fremde Brote

In der orientalischen Küche nimmt man Hülsenfrüchte anstelle von Fleisch und Käse: Cremiges Hummus aus Kichererbsen gehört in den Ländern des Nahen Ostens so fest zum Fladenbrot wie würziger Obatzda in Bayern zur röschen Brezel. In Mexiko tunkt man Avocadopüree – Guacamole – mit knusprigen Brotchips auf, in Griechenland streicht man duftende Knoblauchpaste ins Pitabrot, in der Türkei nimmt man weich gebackene Auberginen oder sanft gedünstete Karotten dafür. Und in Russland besteht »falscher Kaviar« je nach Gusto der Köchin aus Pilzen oder Zucchini (Rezept Seite 69).

In England und den USA braucht man Spreads (=Aufstriche), um das Sandwich saftig zu machen; Grundlage ist meist Frischkäse für die Konsistenz und Salatcreme für die Würze. Dagegen kommen Toppings (topping = Belag; eigentlich: »obendrauf Gehäuftes«), die aufs Brot gehäuft und nicht gestrichen werden, auch nur mit Gemüse aus (Rezept Seite 76).

Schnell und gut

Fast alle Rezepte in diesem Buch gehören zur schnellen Küche – sei es durch Zubereitung und/oder Zutaten. So finden Sie vorwiegend tiefgekühlte Kräuter zum Würzen – genauso aromatisch und vitaminreich wie frische, doch bereits zerkleinert und als Mischung zu kaufen.

Zum Pürieren brauchen Sie Blitzhacker, Stand- oder Stabmixer; notfalls reicht oft ein Kartoffelstampfer. Die elektrischen Helfer sind natürlich zeitsparender. Ein paar Stückchen Gemüse in der sonst glatten Paste machen Ihren Aufstrich kulinarisch sogar noch interessanter.

Gleich essen oder aufbewahren?

Faustregel: Jeden Ihrer selbst gemachten Brotaufstriche sollten Sie innerhalb von zwei Tagen essen. Zum Aufbewahren stellt man ihn grundsätzlich in einem verschlossen Gefäß in den Kühlschrank.

In einigen Rezepten finden Sie auch Hinweise zur Haltbarkeit. Diese hängt von den Zutaten ab: Je mehr Eiweiß ein Aufstrich enthält, desto schneller muss man ihn essen. Das gilt für alle Brotaufstriche mit Fleisch, Fisch und Eiern. Außerdem für alles mit Kartoffeln und für Gemüse mit vielen Kohlenhydraten und wenig Säure, zum Beispiel Kürbis, Zucchini oder Karotten.

> Viele herzhafte Brotaufstriche schmecken – eventuell ein wenig verdünnt mit Brühe, Schmant oder Gemüsesaft – auch als Sauce zum Fondue. Süßes lässt sich auch als feines Topping für Pfannkuchen verwenden.

Je mehr Fett drin ist, desto haltbarer ist ein Brotbelag: Fast alle Käsecremes können Sie auch drei Tage im Kühlschrank aufbewahren. Flüssigkeit, die sich dabei absetzt, rührt man einfach wieder unter.

Alles was reichlich Säure und Zucker enthält, können Sie mehr als fünf Tage aufheben, ebenfalls gut verschlossen und kühl.

Die Konfitüren im Buch eignen sich für den Vorrat. Cremes mit frischem Obst dagegen müssen Sie so rasch verbrauchen wie Eiweißreiches, denn sonst ist das Risiko der Schimmelbildung auch im Kühlschrank zu hoch.

Mit Quark, Käse und Eiern

Frühlingsquark mit Rucola

Für 4 Portionen

Pro Portion 2,9 Gramm Fett
Zu Vollkornbrot oder Laugenstangen

1 kleine rote Zwiebel • 1 Bund Rucola • 500 g Magerquark
100 g saure Sahne • Salz • Schwarzer Pfeffer aus der Mühle
1/4 TL edelsüßes Paprikapulver • 1 Prise Zucker

1 Die Zwiebel abziehen und fein würfeln. Die Rucola waschen, trockentupfen, die Stiele entfernen, die Blättchen ganz fein zerkleinern.

2 Den Quark mit der sauren Sahne glatt rühren. Zwiebel und Rucola untermischen. Den Quark mit Salz, Pfeffer, Paprika und Zucker kräftig würzen.

Käsecreme mit Gürkchen

Für 4 Portionen

Pro Portion 5,15 Gramm Fett
Zu Bauernbrot oder Grahambrot

1 Bund Schnittlauch • 2 kleine Gewürzgurken
200 g Schmelzkäse (20%) • 3–4 EL fettarme Milch (1,5%)
1 TL scharfes Paprikapulver • Salz

1 Den Schnittlauch waschen, trockentupfen und in feine Röllchen schneiden. Die Gewürzgurken abtropfen lassen und fein zerkleinern.

2 Den Schmelzkäse mit der Milch glatt rühren. Zwiebel, Gurke, Paprikapulver und Schnittlauch untermischen. Die Creme mit Salz abschmecken.

Pikanter Kochkäse mit Schuss

Für 4 Portionen

Pro Portion 1,5 Gramm Fett
Zu Bauernbrot oder Körnerbrötchen

200 g Kochkäse (10%; → Tipp) • 2 EL Weinbrand oder Gin
1 TL scharfes Paprikapulver • 1 EL Schnittlauchröllchen

Den Kochkäse glatt rühren. Weinbrand oder Gin untermischen, bis eine Creme entstanden ist. Paprika und Schnittlauch unterziehen.

Mein Tipp

Streichfesten Kochkäse gibt es im Supermarkt abgepackt in Bechern bei den Milchprodukten. Er wird aus Sauermilchquark mit Salz, Kümmel oder anderen Gewürzen und – je nach Fettgehalt – auch Butter und Sahne hergestellt. Kochkäse mit 10 Prozent Fett in der Trockenmasse enthält insgesamt nur 3 Gramm Fett, beim 40-prozentigen sind es knapp 14 Gramm.

Frischkäse-Oliven-Creme

Für 4 Portionen

Pro Portion 9,7 Gramm Fett
Zu Baguette oder Toskana-Weißbrot

100 g entsteinte schwarze Oliven • 300 g fettarmer Frischkäse (0,2%) • 2 EL italienische Kräuter (TK) • Salz • Cayennepfeffer

Oliven in den Mixer füllen und mit dem Frischkäse pürieren. Die Kräuter untermischen und die Creme mit Salz und Cayennepfeffer kräftig abschmecken.

Knoblauchpaste mit Frischkäse

Für 6 Portionen

Pro Portion 3,5 Gramm Fett
Zu Weizenvollkornbrot oder Olivenbrot

**4 große frische Knoblauchknollen • 3 EL Zitronensaft
2 EL Olivenöl • 1/2 Päckchen 8-Kräuter-Mischung (TK)
200 g fettarmer Frischkäse (0,2%) • Salz • Weißer Pfeffer aus der Mühle • 1/4 TL abgeriebene Zitronenschale (unbehandelt)**

1 Den Backofen auf 200°C (Umluft 180°C, Gas Stufe 3) vorheizen. Die Knoblauchknollen so abziehen, dass die äußeren Häute entfernt sind und die einzelnen Zehen frei liegen. Knollen quer halbieren und mit den Schnittflächen nach unten in eine ofenfeste Form legen.

2 Den Zitronensaft und das Olivenöl in die Form geben. Den Knoblauch zugedeckt in den heißen Ofen (mittlere Schiene) schieben und etwa 1 Stunde weich backen.

3 Aus dem Ofen nehmen und einige Minuten abkühlen lassen. Das weiche Knoblauch-Fleisch aus den Häuten in die Form drücken. Mit dem Zitronensaft und dem Öl in der Form verrühren und in eine Schüssel geben.

4 Die Kräuter und den Frischkäse zum Knoblauch geben und alles zu einer glatten Paste verrühren. Mit Salz, Pfeffer und der abgeriebenen Zitronenschale abschmecken.

Meine Tipps

✓ Für die Paste brauchen Sie die frischen Knoblauchknollen, die im Frühsommer und im Herbst auf den Markt kommen. Knoblauch aus der Lagerung hat meist schon grüne Keime und schmeckt zu intensiv.

✓ Magere Milchprodukte wie Cremequark, schlanker Frischkäse, saure Sahne und Jogurt kommen in diesem Buch sehr häufig vor; sie versorgen uns mit hochwertigem Eiweiß und enthalten kaum Fett. Außerdem sind sie bedeutende Kalziumspender, die man täglich essen sollte, weil sie die Knochen stärken und bei der Vorbeugung von Osteoporose helfen.

Eiercreme mit Kräutern

Für 4 Portionen

Pro Portion 9 Gramm Fett
Zu Vollkornbrot oder Pumpernickel

2 hart gekochte Eier • 100 g Schmant • 100 g Magerjogurt
1/2 Päckchen Salatkräuter (TK) • Einige Spritzer Zitronensaft
1 TL Salz • Pfeffer aus der Mühle

Die Eier schälen, halbieren, die Eigelbe herauslösen und in eine Schüssel geben. Schmant, Jogurt, Kräuter, Zitronensaft, Salz und Pfeffer zufügen und alles verrühren. Die Eiweiß hacken und untermischen.

Mein Tipp

Die Art der Hühnerhaltung spielt für unsere Gesundheit eine wichtige Rolle: Je enger man Tiere zusammenpfercht, desto leichter breiten sich Infektionen wie zum Beispiel Salmonellen aus. Eine Freilandhenne hat mindestens zehn Quadratmeter Platz im Freien. Bei Bodenhaltung müssen sich fünf bis sechs Tiere einen einzigen Quadratmeter Stallfläche teilen. Die Käfighaltung ist nach meiner Auffassung aus Gründen des Tierschutzes nicht akzeptabel.

Fenchelquark mit Dill

Für 4 Portionen

Pro Portion 2,7 Gramm Fett
Zu Weizenvollkornbrot oder Nussbrot

1 Fenchelknolle • 1/2 Bund Dill • 1 kleine rote Zwiebel
500 g Magerquark • 2 EL Crème fraîche • Salz
Weißer Pfeffer aus der Mühle • 1 TL Zucker

1 Die Fenchelknolle halbieren, waschen und den Strunk herausschneiden. Die Hälften fein zerkleinern. Das zarte Fenchelgrün und den Dill waschen, trockentupfen und ebenfalls fein hacken. Die Zwiebel abziehen und in kleine Würfel schneiden.

2 Den Quark mit der Crème fraîche glatt rühren und alle zerkleinerten Zutaten untermischen. Quark mit Salz, Pfeffer und Zucker abschmecken.

Tomatenbutter mit Schabziger

Für 4 Portionen

Pro Portion 11 Gramm Fett
Zu Bauernbrot oder Laugenbrötchen

100 g weiche Halbfettbutter • 1 EL saure Sahne
3 EL geriebener Glarner Schabziger (→ Tipps)
1 TL getrockneter Oregano • Salz • Weißer Pfeffer aus der Mühle
4 Stücke getrocknete Tomaten • 1 EL gehackte Petersilie

1 Die Butter mit der sauren Sahne, dem Schabziger, dem Oregano, Salz und grobem Pfeffer kräftig verrühren.

2 Die Tomaten in ganz kleine Stücke schneiden und mit der Petersilie untermischen – am besten mit einer Gabel.

Meine Tipps

✓ Glarner Schabziger gehört zu den ältesten noch heute bekannten Käsesorten – und zu den würzigsten. Mit nur 3 Gramm Fett i. Tr. ist der Schweizer Hartkäse äußerst fettarm, ideal also für schlanke Brotaufstriche, Buttermischungen und Dips. Zu kaufen gibt es ihn gerieben oder im Ganzen als kleine, kegelförmige Stücke (»Stöckli«) in der Kühltheke des Supermarktes. Er ist zugedeckt im Kühlschrank oder in der Originalverpackung ohne Aromaverlust monatelang haltbar.

✓ Die Tomatenbutter nur ganz dünn aufs Brot streichen, sonst ist sie zu mächtig. Als Belag schmecken Tomaten-, Gurken- oder Radieschenscheiben.

Roter Meerrettichkäse

→ Bild

Für 4 Portionen

Pro Portion 2 Gramm Fett
Zu Pumpernickel oder Kümmelbrötchen

**200 g eingelegte Rote Bete (Glas) • 250 g fettarmer Frischkäse (0,2%)
100 g Meerrettich (Glas) • Salz • 1 Prise Zucker**

Die Roten Beten mit dem Frischkäse pürieren. Den Meerrettich untermischen. Mit Salz und Zucker würzen. Bis zum Servieren kühl stellen.

Mein Tipp

Für Meerrettichquark 300 Gramm Schichtkäse (20%) mit 100 Gramm Cremequark (0,2%) und 2 Teelöffel Meerrettich aus dem Glas verrühren. 1/2 Päckchen Salatkräuter (TK) untermischen. Mit Salz, Pfeffer und Zucker würzen.

Schaumiger Kräuterquark

Für 4 Portionen

Pro Portion 3 Gramm Fett
Zu Vollkornbrot oder Roggenbrötchen

**250 g Quark (20%) • Salz • Pfeffer aus der Mühle
1 Prise Zucker • 100 ml spritziges Mineralwasser
2 Päckchen Salatkräuter (TK)**

Den Quark mit Salz, Pfeffer und Zucker verrühren. Das Mineralwasser mit einem Schneebesen kräftig unterschlagen. Die Kräuter untermischen und den Quark sofort servieren.

Süßscharfe Chester-Butter

→ Bild links

Für 4 Portionen

Pro Portion 8,1 Gramm Fett
Zu Weizenvollkornbrot oder Krustenbrot

50 g Chesterkäse • 50 g weiche Halbfettbutter • 100 g fettarmer Frischkäse (0,2 %) • 1 EL Mango Chutney (Glas) 1 EL 8-Kräuter-Mischung (TK) • Paprikaflocken • Salz

Den Chester raspeln oder in ganz kleine Würfel schneiden. Die Butter mit dem Frischkäse und dem Chutney verrühren. Chester und Kräuter untermischen. Mit Paprikaflocken und Salz abschmecken.

Mein Tipp

Herzhafter und weniger fruchtig als Mangochutney schmecken Mixed Pickles in der Chester-Butter: Die Pickles dafür ganz fein würfeln und unterrühren.

Kräuterkäse mit Radieschen

→ Bild rechts

Für 4 Portionen

Pro Portion 2,5 Gramm Fett
Zu Olivenbrot oder Baguette

300 g fettarmer Frischkäse (0,2 %) • 150 g Magerquark 50 g saure Sahne • 5 Radieschen • 1/2 Päckchen Salatkräuter (TK) • Salz • Cayennepfeffer

Frischkäse, Quark und saure Sahne verrühren. Radieschen waschen, fein zerkleinern. Mit den Kräutern untermischen. Mit Salz und Cayennepfeffer würzen.

Käsecreme mit Kresse

Für 4 Portionen

Pro Portion 5,2 Gramm Fett
Zu Laugensemmeln oder Vollkornbrot

**100 g Edamer Käse (30%) • 50 g Senfgurke • 300 g Cremequark (0,2%)
1 EL weiche Halbfettbutter • 2 EL Kaffeesahne (10%)
1 Kästchen Gartenkresse • Salz • Zitronenpfeffer**

1 Den Käse reiben. Die abgetropfte Senfgurke fein zerkleinern. Den Cremequark mit der Butter und der Sahne verrühren.

2 Den geriebenen Käse, die Gurkenstückchen und die abgeschnittene Kresse untermischen. Die Creme mit Salz und Zitronenpfeffer abschmecken.

Fünf-Käse-Creme

Für 4 Portionen

Pro Portion 6,1 Gramm Fett
Zu Sonnenblumenbrot oder Brezeln

**1 milde rote Zwiebel • 50 g Weißlackerkäse (→ Tipp)
Je 100 g Magerquark und Kochkäse (→ Tipp Seite 11) • Je 2 EL geriebener Parmesan und Glarner Schabziger (je etwa 20 g; → Tipp Seite 15)
1 EL weiche Jogurtbutter • 2 EL saure Sahne • 2 EL gehackte Petersilie
Salz • Schwarzer Pfeffer aus der Mühle**

1 Zwiebel abziehen und fein hacken. Den Weißlacker fein zerbröckeln und in eine Schüssel geben. Quark, Kochkäse, Parmesan und Schabziger, Butter, Sahne, Zwiebel und 1 Esslöffel Petersilie zufügen. Mit einer Gabel vermischen.

2 Die Käsecreme mit wenig Salz und grobem Pfeffer abschmecken, auf einer Platte anrichten und mit der restlichen Petersilie bestreuen.

Mein Tipp

Weißlacker, auch Bierkäse genannt, ist eine süddeutsche Spezialität. Dieser löchrige Weichkäse ohne Rinde hat eine feuchte Oberfläche mit einer weißen, lackartigen Schmiere – daher der Name. Weißlacker lässt sich wie Feta leicht zerbröckeln. Er schmeckt sehr kräftig bis scharf. Deshalb sollten Sie beim Salzen vorsichtig sein.

»Obatzda« light

Für 4 Portionen

Pro Portion 4,3 Gramm Fett
Zu Bauernbrot oder Kümmelbrötchen

**200 g reifer Camembert (30%) • 100 g fettarmer Frischkäse (0,2%)
1 EL weiche Halbfettbutter • 1 EL helles Weizenbier • 1 kleine Zwiebel
1 TL edelsüßes Paprikapulver • 1 TL Kümmelkörner • Salz
Schwarzer Pfeffer aus der Mühle • 2 EL Schnittlauchröllchen**

1 Den Camembert mit einer Gabel zerdrücken und in eine Schüssel geben. Frischkäse, Butter und Bier zufügen und alles mit dem Stabmixer durchrühren, bis sich die Zutaten vermischt haben, aber noch etwas bröckelig sind.

2 Die Zwiebel abziehen und fein zerkleinern. Mit Paprikapulver, Kümmel, wenig Salz und einer kräftigen Prise Pfeffer unter den Käse mischen. Käsecreme auf einer Platte anrichten und mit Schnittlauch bestreut servieren.

Mein Tipp

Die bayerische Käsecreme aus Camembert, Butter und Gewürzen wird mit Radieschen serviert. Sie schmeckt auch zu Pellkartoffeln. Das Wort »Obatzda« lässt sich übrigens in etwa mit »Angematschter« übersetzen – »Batz« steht im Bayerischen für »Schlamm, Matsch«.

Paprikaquark mit Sellerie

→ Bild Mitte

Für 4 Portionen

Pro Portion 6,1 Gramm Fett
Zu Fladenbrot oder Ciabatta

2 rote Paprikaschoten (etwa 300 g) • 1 Zwiebel • 1 Knoblauchzehe 2 EL Olivenöl • 1 TL Rosmarinblättchen • 2 EL Gemüsebrühe • 200 g Magerquark • Salz • 1 TL Paprikaflocken • 1 Stange Sellerie

1 Die Paprikaschoten waschen, putzen und in Stücke schneiden. Die Zwiebel und den Knoblauch abziehen und fein zerkleinern. Alles im heißen Öl bei starker Hitze unter Rühren anbraten. Rosmarin und Brühe zugeben und die Paprikastücke zugedeckt 10 Minuten garen.

2 Auf Zimmertemperatur abkühlen lassen, den Quark zugeben und alles mit dem Stabmixer pürieren. Mit Salz und Paprikaflocken abschmecken. Den Sellerie putzen, waschen, fein zerkleinern und untermischen.

Grüner Quark mit Nüssen

→ Bild vorn & hinten

Für 4 Portionen

Pro Portion 2,9 Gramm Fett
Zu dunklem Roggenbrot oder Bauernbrot

500 g Cremequark (0,2%; → Tipp Seite 12) • 2 EL Cashewnusskerne • 2 Päckchen 8-Kräuter-Mischung (TK) • Salz 2–3 TL Chilisauce • 1–2 TL Kapern

Den Quark mit den Nüssen und der Kräutermischung im Mixer pürieren. Die Creme mit Salz und Chilisauce abschmecken. Die Kapern untermischen.

Liptauer light

Für 4 Portionen

Pro Portion 2,7 Gramm Fett
Zu dunklem Roggenbrot oder Kümmelbrötchen

**250 g Schichtkäse (20%) • 100 g fettarmer Frischkäse (0,2%)
1 EL Zitronensaft • 1 kleine Zwiebel • 1 TL Senf • 1/4 TL gemahlener
Kümmel • Salz • 1 TL scharfes oder mildes Paprikapulver**

1 Den Schichtkäse auf einem Sieb abtropfen lassen. Mit dem Frischkäse und dem Zitronensaft glatt rühren.

2 Die Zwiebel abziehen und reiben oder ganz fein würfeln. Die Zwiebelwürfel mit dem Senf und dem Kümmel unter den Liptauer mischen. Liptauer mit Salz abschmecken, auf einem Teller anrichten und mit dem Paprikapulver bestreut servieren.

Ziegenkäsecreme mit Kerbel

Für 4 Portionen

Pro Portion 5,6 Gramm Fett
Zu dunklem Baguette oder Brottalern

**1 Lauchzwiebel • 1 Hand voll frischer Kerbel • 100 g Ziegenfrischkäse
200 g Cremequark (0,2%) • 1 EL Orangensaft • Salz
Weißer Pfeffer aus der Mühle**

1 Die Lauchzwiebel putzen, waschen und mit den saftigen grünen Teilen fein zerkleinern. Den Kerbel gründlich verlesen, harte Stiele entfernen. Das Kraut waschen, trockentupfen und fein hacken.

2 Den Ziegenkäse mit dem Cremequark und dem Orangensaft glatt rühren. Lauchzwiebel und Kerbel mit einer Gabel locker untermischen. Creme mit Salz und grobem Pfeffer abschmecken.

Mein Tipp

Ziegenkäse wird auch heute noch vor allem von kleinen Handwerksbetrieben und Bauernhöfen hergestellt. Deshalb haben Sie hier die Chance, ein weitgehend naturbelassenes Lebensmittel zu bekommen.

Pfälzer Spundekäs

Für 4 Portionen

Pro Portion 4 Gramm Fett
Zu dunklem Roggenbrot oder Bauernbrot

1 kleine Zwiebel • Je 3 Stängel Petersilie, Dill und Majoran
2 EL weiche Halbfettbutter • 100 g saure Sahne • 500 g Magerquark
1 TL Kümmelkörner • Salz • Schwarzer Pfeffer aus der Mühle
1/4 TL edelsüßes Paprikapulver • 1 Prise Zucker

1 Die Zwiebel abziehen und fein würfeln. Die Kräuter waschen, trockentupfen, die Blättchen abzupfen und ganz fein zerkleinern.

2 Die Butter und die saure Sahne glatt rühren. Zuerst den Quark, dann die Zwiebel und die Kräuter untermischen. Spundekäs mit Kümmel, Salz, Pfeffer, Paprika und Zucker kräftig würzen.

Meine Tipps

- ✓ Frischkäse und Quark, pikant gemischt, gibt es in allen deutschen Weinbaugebieten. Man isst sie auf kräftigem Brot mit Radieschen oder Rettich.
- ✓ Für Badischen Bibeliskäs 500 Gramm Magerquark mit 100 Gramm Schmant, einer gewürfelten Zwiebel, reichlich Schnittlauchröllchen und einer zerdrückten Knoblauchzehe mischen. Mit Salz, grobem Pfeffer aus der Mühle und einer Prise Zucker kräftig abschmecken.

Vegetarisch leicht

Pastinaken-Kartoffel-Creme mit Postelein

Für 4 Portionen

Pro Portion 2 Gramm Fett
Zu Weizenvollkornbrot oder Grahambrot

150 g Pastinaken oder Petersilienwurzeln (→ Tipp) • 250 g mehlig kochende Kartoffeln • 1/2 Bund Petersilie • Salz • 1 kleine Zwiebel
1 EL Zitronensaft • 1–2 EL Meerrettich (Glas oder frisch gerieben)
1 TL Olivenöl • 1–2 Handvoll Postelein (→ Tipp)

1 Die Wurzeln und die Kartoffeln schälen, waschen und in kleine Würfel schneiden. Die Petersilie waschen, trockentupfen, die Blättchen abzupfen und fein zerkleinern.

2 Die Petersilienstiele grob schneiden. Mit Pastinaken, Kartoffeln, drei Esslöffel Wasser und Salz in einem Topf aufkochen. Das Gemüse zugedeckt bei schwacher Hitze in etwa 20 Minuten sehr weich garen.

3 Inzwischen die Zwiebel abziehen und fein zerkleinern. Das lauwarme Gemüse mit dem Kochsud pürieren. Die Zwiebel untermischen, die Creme mit Zitronensaft, Meerrettich und Öl abschmecken. Postelein waschen, trockentupfen und grob zerkleinern. Dabei harte Stiele entfernen. Vor dem Servieren unter das Püree mischen.

Meine Tipps

✓ Pastinaken und Petersilienwurzeln sehen sich sehr ähnlich – beide sind weiß oder gelblich braun mit dunkleren Ringen auf der Schale. Doch Petersilienwurzeln kommen erst im Herbst und Winter auf den Markt, Pastinaken gibt es das ganze Jahr über. Da beide Gemüse auch ähnlich schmecken, kann man sie in Rezepten gut austauschen.

✓ Postelein oder Winterportulak bekommen Sie von November bis April in Grünen Läden und auf dem Wochenmarkt. Das Kraut mit den fleischigen, tellerförmigen Blättern schmeckt fein gehackt als Würze wie Kräuter oder als Salatzutat mit Dressing – besonders gut ergänzt es sich mit Feldsalat.

✓ Die Creme hält sich verschlossen im Kühlschrank zwei Tage. Zum Servieren sollte sie aber nicht eiskalt sein.

Erbsen-Curry-Creme mit Koriander

Für 4 Portionen

Pro Portion 1 Gramm Fett
Zu Crackers oder Pumpernickel

1 Dose Erbsen und Karotten (etwa 400 g) • 100 g fettarmer Frischkäse (0,2 %) • 50 g Curryketchup (Glas) • 5–6 Korianderblättchen • Salz • Pfeffer aus der Mühle

1 Das abgetropfte Gemüse mit dem Frischkäse pürieren. Das Ketchup mit einer Gabel unterrühren.

2 Den Koriander waschen, trockentupfen, mit einem scharfen Messer fein schneiden und untermischen. Creme mit Salz und Pfeffer herzhaft würzen.

Artischockencreme

Für 4 Portionen

Pro Portion 3,9 Gramm Fett
Zu Baguette oder Toskana-Weißbrot

1 kleines Glas Artischockenherzen in Salzwasser (etwa 200 g)
1 Knoblauchzehe • 1 Stück mittelalter Parmesan (etwa 30 g)
2 EL Schmant • 1–2 TL Zitronensaft • Salz • Cayennepfeffer

1 Die Artischockenherzen auf einem Sieb abtropfen lassen und dabei mit einem Löffel ausdrücken. Den Knoblauch abziehen, den Parmesan zerbröckeln.

2 Alle diese Zutaten mit dem Schmant im Blitzhacker pürieren. Die Artischockencreme mit Zitronensaft, Salz und Cayennepfeffer abschmecken.

Bohnenmus mit Paprika

Für 4 Portionen

Pro Portion 5,8 Gramm Fett
Zu Fladenbrot oder Toskana-Weißbrot

1 kleine Dose weiße Riesenbohnen (etwa 400 g)
1/2 rote Paprikaschote • 1 kleine Zwiebel • 2 EL natives Olivenöl • 1 Knoblauchzehe • 6–8 EL Gemüsebrühe (Instant)
1/2 Päckchen Salatkräuter (TK) • Salz • 1/2 TL Harissa (→ Tipp)

1 Die Bohnen auf ein Sieb abgießen, kalt abspülen und gut abtropfen lassen. Die Paprikaschote waschen, putzen und ganz fein zerkleinern.

2 Die Zwiebel abziehen, fein würfeln und im heißen Öl bei schwacher Hitze glasig braten. Den Knoblauch abziehen und durch die Presse dazudrücken. Bohnen, Paprikaschote, Kräuter und zunächst 6 Esslöffel Gemüsebrühe zugeben, unter Rühren einmal aufkochen und knapp 3 Minuten dünsten.

3 Die Bohnen abkühlen lassen und mit dem Stabmixer pürieren. Püree nach Wunsch mit der restlichen Gemüsebrühe verdünnen. Mit den Kräutern mischen, mit Salz und Harissa abschmecken.

Meine Tipps

✓ Das Bohnenpüree schmeckt auf sommerlichen Tomatenbrötchen: Pro Portion eine schöne reife Tomate waschen und klein würfeln. Mit Salz, einem Teelöffel rotem Balsamessig, reichlich Pfeffer aus der Mühle, zerkleinertem Schnittlauch und/oder Basilikum und einem Teelöffel Olivenöl vermischen. Eine fingerdicke Scheibe Toskana-Weißbrot nach Wunsch rösten. Mit Bohnenmus bestreichen und mit der Tomatenmischung belegen. Sofort servieren, damit das Brot kross bleibt.

✓ Harissa, eine milde bis scharfe Paste, ist aus der Küche Nordafrikas nicht wegzudenken. Sie besteht aus getrockneten roten Chilis, Knoblauch, Kreuzkümmel, Koriandersamen und Salz, manchmal auch Zitrone oder Minze. Eher scharfes Harissa in Tuben bekommen Sie vorwiegend in türkischen Läden, mildes Harissa in Gläsern gibt es in Naturkostläden. Achtung: Mit Harissa Gewürztes ist nichts für Kinder.

Zucchinipüree mit Basilikum

Für 4 Portionen

Pro Portion 5,6 Gramm Fett
Zu Baguette oder Ciabatta

3 kleine Zucchini (etwa 400 g) • 1 Zwiebel • 2–3 Knoblauchzehen • 1 milde rote Chilischote • 2 EL Olivenöl • 2 EL Tomatenmark (Tube oder Dose) • 2 EL Zitronensaft • 1 TL provenzalische Kräuter (TK) • 1 EL geriebener Glarner Schabziger oder Parmesan (etwa 10 g; → Tipp Seite 15) • Salz • 1 Hand voll Basilikum

1 Die Zucchini waschen, abtrocknen, vom Stielansatz befreien und würfeln. Die Zwiebel und den Knoblauch abziehen und fein hacken. Die Chilischote von Trennwänden und Kernen befreien, kalt abspülen und fein zerkleinern.

2 Alle diese Zutaten im heißen Öl bei starker Hitze unter Rühren kurz anbraten. Tomatenmark, Zitronensaft und provenzalische Kräuter zugeben. Die Zucchini zugedeckt bei mittlerer bis schwacher Hitze in etwa 20 Minuten sehr weich garen.

3 Im Mixer pürieren oder mit dem Kartoffelstampfer so fein wie möglich zerdrücken. Schabziger oder Parmesan untermischen, das Püree mit Salz abschmecken und abkühlen lassen. Das Basilikum waschen, trockentupfen, die Blätter abzupfen, grob oder fein zerkleinern und untermischen.

Meine Tipps

✓ Zucchini müssen frisch und schlank sein – dann schmecken sie am besten. Die Frische erkennt man beim Aufschneiden: Die Zucchini knacken dann leicht – etwa wie Brokkolistiele. Die Größe kann man wählen: Pralle, kleine Früchte mit dunkelgrüner Haut zeigen gute Qualität an. Bei dickeren Zucchini aus dem eigenen Garten müssen Sie eventuell schon vorhandene Kerne im Inneren entfernen.

✓ Damit sich ihr Aroma optimal entwickelt, brauchen sie Fett – entweder natives Olivenöl oder Jogurtbutter. Außerdem vertragen sie kräftige Würze mit Chili, Knoblauch und den typischen Mittelmeerkräutern Thymian, Salbei, Oregano und Rosmarin.

Grünkernpâté mit Tomaten

Für 4 Portionen

Pro Portion 3,6 Gramm Fett
Zu Pitabrot oder Toskana-Weißbrot

**75 g Grünkernschrot (→ Tipp) • 1/2 TL Gemüsebrühe-Extrakt
1/2 TL getrockneter Thymian • 2 Tomaten • 1 EL Walnusskerne
1 kleine Zwiebel • 1 EL Zitronensaft • Tabascosauce
1 TL Sonnenblumenöl**

1 Das Grünkernschrot mit 200 Milliliter Wasser aufkochen, Brühe und Thymian zugeben und das Schrot zugedeckt bei schwacher Hitze 20 Minuten garen. Von der Kochstelle nehmen und abkühlen lassen.

2 Die Tomaten waschen, die Stielansätze entfernen. Die Zwiebeln abziehen und in Stücke schneiden. Beide Zutaten und die Nüsse mit dem Stabmixer pürieren und unter das Schrot mischen. Mit Zitronensaft, Tabascosauce und dem Öl verrühren.

Meine Tipps

✓ Mit der Pâté können Sie Salatbrötchen fürs Abendessen machen: Pro Portion ein Stück Salatgurke raspeln, zwei Radieschen würfeln und zwei Salatblätter nudelig schneiden. Mit zwei Teelöffeln Jogurt-Salatcreme (25 %) mischen. Ein mittelgroßes Pitabrot nach Packungsaufschrift erhitzen. Das Brot halbieren, aber nicht ganz durchschneiden. Die untere Hälfte mit Grünkerpâté bestreichen und das Brot mit dem Salat füllen.

✓ Grünkern ist Dinkel, der zur Milchreife der Körner geerntet wird. Das heißt, dass die Körner dann noch keinen festen Mehlkern, sondern eine weiche, milchweiße Masse enthalten. Die Körner werden über Holzfeuer oder in großen Anlagen getrocknet (»gedarrt«) und bekommen so einen nussartigen, sehr aromatischen Geschmack.

✓ »Entdeckt« wurde Grünkern vermutlich im 14. Jahrhundert: Damals waren die Sommer so kalt und nass, dass die Bauern den Dinkel vorzeitig ernten mussten, um ihn vor dem Faulen zu bewahren. Die erste schriftliche Nachricht von Grünkern als kommerziell gehandeltem Lebensmittel stammt aus dem Jahr 1660.

Sojacreme mit Tomaten

Für 4 Portionen

Pro Portion 1,4 Gramm Fett
Zu Brötchen und Fladenbrot

1 kleine Zwiebel • 1 Knoblauchzehe • 1 TL Rapsöl • 4 EL entfettetes Sojamehl (→ Tipp) • 100 g Pizzatomaten (Dose oder Packung) • 4 EL Gemüsebrühe (Instant) • 1/2 TL getrockneter Thymian • 1 EL Zitronensaft Salz • Einige Spritzer Tabascosauce • Eventuell Cayennepfeffer

1 Die Zwiebel und den Knoblauch abziehen, fein zerkleinern und im heißen Öl bei schwacher Hitze glasig und leicht braun braten.

2 Sojamehl, Tomaten, Gemüsebrühe und Thymian zugeben und bei starker bis mittlerer Hitze unter Rühren etwa 5 Minuten schmoren, bis der Aufstrich dick eingekocht ist.

3 Mit Zitronensaft, Salz, Tabascosauce und nach Wunsch auch Cayennepfeffer abschmecken und abkühlen lassen.

Meine Tipps

- ✓ Die Creme schmeckt anstelle von Butter; sie hält sich verschlossen im Kühlschrank zwei Tage frisch.
- ✓ Sojamehl gibt es in Reformhaus und Naturkostladen. Entfettetes Sojamehl enthält vorwiegend Eiweiß und ist ideal für schlanke Aufstriche und fleischlose Gerichte. Vollfettes Mehl kann man in vielen Rezepten anstelle von Eiern verwenden. Es ist frei von tierischem Fett und Cholesterin.
- ✓ Als Variante die Creme mit Pilzen zubereiten: Zwiebeln und Knoblauch braten und mit 1 bis 2 Teelöffeln Currypulver bestreuen. 100 Gramm fein zerkleinerte Champignons zugeben und unter Rühren mitrösten. 2 bis 3 Esslöffel Brühe zufügen, aufkochen und schmoren, bis die Creme dick ist. Mit Zitronensaft, Sojasauce und Harissa (→ Tipp Seite) abschmecken.
- ✓ Die Sojacreme ist ideal für Kuhmilchallergiker, die alle normalen Milchprodukte inklusive Butter, Quark und Käse nicht vertragen. Sie enthält leicht verdauliches, wertvolles Eiweiß und lässt sich durch unterschiedliche Gewürze und Geschmackszutaten vielfältig variieren.

Austernpilz-Butter

Für 4 Portionen

Pro Portion 15 Gramm Fett
Zu Vollkornbrot oder Baguette

200 g Austernpilze • 1 kleine Zwiebel • 2 Knoblauchzehen
1 EL Olivenöl • 100 g Jogurtbutter • 1 EL gehackte Petersilie
(frisch oder TK) • Salz • Pfeffer aus der Mühle • 1–2 EL Zitronensaft

1 Die Austernpilze putzen, nicht waschen. In Streifen zupfen und im Blitzhacker oder im Mixer sehr fein zerkleinern. Die Zwiebel und den Knoblauch abziehen und würfeln.

2 Das Öl in einer großen Pfanne erhitzen. Zerkleinerte Pilze, Zwiebel- und Knoblauchwürfel darin bei mittlerer Hitze unter Rühren schmoren, bis sich Flüssigkeit bildet.

3 Von der Kochstelle nehmen, die Butter in Stücken und die Petersilie unterrühren. Mit Salz, Pfeffer und Zitronensaft würzen und noch einmal verrühren, bis sich Butter und Pilzmischung gut verbunden haben. Vor dem Servieren eine Stunde kühlen.

Spargel-Kartoffel-Pesto

Für 4 Portionen

Pro Portion 5,9 Gramm Fett
Zu Baguettebrötchen oder Toskana-Weißbrot

300 g mehlig kochende Kartoffeln • 300 g grüner Spargel
1/8 l Gemüsebrühe • 1 Prise Zucker • 50 g Pesto (Glas)
Salz • Pfeffer aus der Mühle

1 Die Kartoffeln schälen, waschen und würfeln. Den Spargel waschen, im unteren Drittel dünn schälen und die holzigen Enden abschneiden. Die Stangen in etwa fingerbreite Stücke schneiden.

2 Die Kartoffeln mit der Brühe aufkochen. Spargel und Zucker zugeben, erneut aufkochen und zugedeckt bei mittlerer Hitze in etwa 20 Minuten sehr weich garen. Mit der Brühe pürieren, dabei Pesto zugeben. Mit Salz und Pfeffer abschmecken und auf Zimmertemperatur abkühlen lassen.

Kohlrabicreme mit Sesam

Für 4 Portionen

Pro Portion 5 Gramm Fett
Zu Weizenvollkornbrot oder Toskana-Weißbrot

500 g Kohlrabi mit Grün • 1 TL Olivenöl • 2 Knoblauchzehen
5–6 EL Gemüsebrühe • 1 EL Zitronensaft • 30 g Sesammus
(Tahin; → Tipp) • 2 EL Magerjogurt • Salz • Cayennepfeffer

1 Das Grün der Kohlrabi abschneiden, waschen, hacken und auf einem Teller beiseite stellen. Kohlrabi schälen, halbieren und in kleine Würfel schneiden. Im heißen Olivenöl kurz anbraten. Knoblauch abziehen und durch die Presse dazudrücken.

2 Die Brühe und den Zitronensaft zugeben. Die Kohlrabi aufkochen und zugedeckt bei schwacher Hitze in etwa 20 Minuten sehr weich garen.

3 Etwas abgekühlt pürieren, dabei Sesammus und Jogurt zugeben. Mit Salz und Cayennepfeffer abschmecken. Das Kohlrabigrün untermischen.

Mein Tipp

Tahin, eine Creme aus Sesamkörnern – ähnlich wie Erdnussbutter –, bekommen Sie in Naturkostläden und Reformhäusern. Mild und schön nussig schmeckt helles Tahin aus geschältem Sesam. Achten Sie beim Kauf darauf, dass die Sesampaste zu 100 Prozent aus Sesam ohne Zusätze besteht.

Altbayerischer Erdäpfelkas

Für 4 Portionen

Pro Portion 7,5 Gramm Fett
Zu Bauernbrot oder Brezeln

500 g mehlig kochende Kartoffeln • Salz • Weißer Pfeffer aus der Mühle • 2 EL Olivenöl • 1 kleine rote Zwiebel • Je 3 Zweige Majoran und Petersilie • 1/2 TL abgeriebene Zitronenschale (unbehandelt) Etwa 100 g saure Sahne • 1 Bund Schnittlauch

1 Die Kartoffeln waschen und mit der Schale in wenig Wasser sehr weich kochen. Kalt abschrecken, noch heiß schälen und mit einer Gabel fein zerdrücken oder durch die Kartoffelpresse drücken. Mit Salz, einer kräftigen Prise Pfeffer und 1 Esslöffel Öl mischen und gerade eben abkühlen lassen.

2 Die Zwiebel abziehen, fein zerkleinern und im restlichen Öl bei schwacher Hitze goldgelb und weich dünsten. Majoran und Petersilie waschen, trockentupfen und sehr fein zerkleinern, dabei alle harten Stiele entfernen.

3 Die Kartoffeln mit der Zwiebelmischung einschließlich Bratöl, den Kräutern und der Zitronenschale vermischen. Dabei so viel saure Sahne unterrühren, dass die Masse die Konsistenz von dickem Kartoffelpüree hat.

4 Eine Schüssel mit kaltem Wasser ausspülen, die Kartoffelmasse darin glatt streichen und festdrücken. Zugedeckt etwa 2 Stunden kühlen.

5 Den Schnittlauch waschen, trockentupfen und in feine Röllchen schneiden. Den Kartoffelkäse auf einen Teller stürzen, mit grobem Pfeffer aus der Mühle und dem Schnittlauch bestreuen.

Mein Tipp

Kartoffelkäse mit kräftigem Brot ist eine regionale Spezialität für die Erntezeit: In der Holledau, dem bayerischen Anbaugebiet für Hopfen, wurden die Hopfenzupfer damit preiswert und nahrhaft verköstigt. Und als »Erdäpfelkas« bekamen ihn die Weinleser in Österreich, wo die Kartoffel – wie in manchen Teilen Süddeutschlands – bis heute Erdapfel heißt.

Rettichmus

Für 4 Portionen

Pro Portion 1,6 Gramm Fett
Zu Bauernbrot oder Grahambrot

1 mittelgroßer weißer Rettich • 200 g gekochte Kartoffeln • 1 kleine Zwiebel • 1 kleines Bund Petersilie • 50 g saure Sahne • Salz Schwarzer Pfeffer aus der Mühle • 1 EL Schnittlauchröllchen

1 Den Rettich und die Kartoffeln schälen und ganz fein reiben. Die Zwiebel abziehen und fein würfeln. Die Petersilie waschen, trockentupfen, die Blättchen abzupfen und fein hacken.

2 Alle diese Zutaten mit der sauren Sahne vermischen, mit Salz und einer kräftigen Prise Pfeffer herzhaft abschmecken. Mit dem Schnittlauch bestreuen.

Mein Tipp

Noch besser als weißer Rettich schmeckt der kräftige Winterrettich mit schwarzer Schale. Damit das Mus nicht zu scharf wird, lässt man es vor dem Servieren etwa 30 Minuten ziehen.

Kartoffelcreme mit Buttermilch

Für 4 Portionen

Pro Portion 1 Gramm Fett
Zu Weizenvollkornbrot oder Nussbrot

400 g mehlig kochende Kartoffeln • 4 EL Gemüsebrühe (Instant) 150 g Buttermilch • 3 EL Paprikamark (Glas) • Salz • Schwarzer Pfeffer aus der Mühle • 1 TL Zitronensaft

1 Die Kartoffeln schälen, waschen und würfeln. Mit der Brühe aufkochen und zugedeckt bei schwacher Hitze in 15 Minuten weich garen.

2 Etwas abkühlen lassen und mit der Buttermilch pürieren. Mit dem Paprikamark mischen, mit Salz, Pfeffer und Zitronensaft abschmecken.

Avocado-Tatar

Für 4 Portionen

Pro Portion 12,1 Gramm Fett
Zu beliebigem Brot

2 reife Avocados • 3 EL Zitronensaft • 1 TL Salz • 4 EL Cremequark (0,2%; etwa 100 g) • 2 kleine rote Zwiebeln • 100 g Kapern 4 TL Chiliketchup • Weißer Pfeffer aus der Mühle • 2 TL mildes Paprikapulver • 1 Päckchen 8-Kräuter-Mischung (TK)

1 Die Avocados halbieren, die Kerne entfernen und das Fruchtfleisch mit einem Löffel aus den Schalen holen. Mit Zitronensaft und Salz pürieren. Mit einem Spritzbeutel als Rosetten auf Portionsteller setzen. In die Mitte der Rosetten jeweils einen Esslöffel Cremequark geben.

2 Die Zwiebeln abziehen und fein würfeln. Die Kapern abtropfen lassen. Beide Zutaten und das Chiliketchup als Häufchen neben die Avocadoportionen setzen. Dazu noch groben Pfeffer aus der Mühle, das Paprikapulver und die Kräuter ebenfalls um die Portionen verteilen.

Meine Tipps

✓ Das vegetarische Tatar wird genauso angerichtet wie Rindertatar: In der Mitte die Avocodocreme, umlegt mit Gewürzen, Kräutern, Zwiebel und Kapern. Statt der Sardellen kommt noch ein Löffelchen Ketchup dazu. Bei Tisch erst mischt sich dann jeder seine Portion.

✓ Bei diesem Rezept machen sich natürlich auch frische, feingehackte Kräuter sehr gut (zum Beispiel Petersilie, Dill, Kresse, Kerbel, Schnittlauch, Sauerampfer, Borretsch, Pimpernell, Minze).

Mit Fisch, Schinken und Wurst

Leichte Forellenmousse

Für 4 Portionen

Pro Portion 8,2 Gramm Fett
Zu Toastbrot, Baguette oder Pumpernickel

1 mittelgroße Tomate • 1 hart gekochtes Ei • 4 Forellenfilets
100 g Magerquark • 2 EL Schmant (etwa 30 g) • 2 EL Meerrettich (Glas) • 2–3 TL Limettensaft • Salz • Pfeffer aus der Mühle

1 Die Tomate waschen, abtrocknen, fein würfeln und dabei entkernen. In eine Schüssel geben. Das Ei schälen, halbieren und das Eigelb herauslösen. Die Forellenfilets mit einer Pinzette von allen Gräten befreien.

2 Forellen mit dem Eigelb, dem Quark und dem Schmant pürieren und zur Tomate geben. Den Meerrettich zufügen und alles mischen. Die Mousse mit Limettensaft, Salz und Pfeffer abschmecken.

Krabben-Spread

Für 4 Portionen

Pro Portion 2,5 Gramm Fett
Zu Baguettebrötchen oder Knäckebrot

100 g Nordseekrabben oder Shrimps • 1 EL Zitronensaft
200 g körniger Frischkäse • 1/2 Päckchen Dill (TK) • Salz
Pfeffer aus der Mühle

Die Krabben kalt abspülen und trockentupfen. Mit dem Zitronensaft, dem Frischkäse und dem Dill mischen. Den Aufstrich mit Salz und frisch gemahlenem Pfeffer kräftig würzen.

Frische Fischcreme mit Kräutern

Für 4 Portionen

Pro Portion 4,6 Gramm Fett
Zu Toastbrot oder Pumpernickel

**6 EL kräftige Gemüsebrühe (Instant) • 2 EL Zitronensaft
200 g Fischfilet (frisch oder TK) • 50 g Schmant
2 EL Kapern • 1/2 Päckchen 8-Kräuter-Mischung (TK)
Salz • Pfeffer aus der Mühle**

1 Die Gemüsebrühe mit dem Zitronensaft aufkochen. Den Fisch darin bei schwacher Hitze in etwa 7 Minuten zugedeckt ziehen lassen, sodass er gar, aber nicht trocken wird.

2 Etwas abgekühlt mit dem Schmant pürieren. Mit den Kapern und den Kräutern mischen, mit Salz und Pfeffer abschmecken und sofort servieren.

Fruchtiges Gabelbissen-Topping

Für 4 Portionen

Pro Portion 9 Gramm Fett
Zu Baguette oder Pumpernickel

**2 Dosen Gabelbissen (etwa 100 g) • 2 EL Preiselbeerkompott
(Glas) • 1 EL Salatkräuter (TK) • 150 g saure Sahne
Eventuell Pfeffer aus der Mühle**

Die Gabelbissen abtropfen lassen und noch etwas zerkleinern. Mit dem Preiselbeerkompott, den Kräutern und der sauren Sahne mischen, mit grobem Pfeffer würzen.

Matjes-Tatar

→ Bild vorn

Für 4 Portionen

Pro Portion 12,4 Gramm Fett
Zu Weizenvollkornbrot oder Pumpernickel

1 Dose Matjescocktail mit Sahne und Dill (200 g)
1 säuerlicher Apfel • 1 kleine rote Zwiebel • 1 EL 8-Kräuter-Mischung (TK) • Eventuell Pfeffer aus der Mühle

1 Die Fischstücke aus der Dose fein zerkleinern. Den Apfel waschen oder schälen, vierteln, vom Kerngehäuse befreien und in sehr kleine Würfel schneiden. Die Zwiebel abziehen und fein hacken.

2 Alle diese Zutaten mit der Sahne aus der Dose und den Kräutern mischen. Nach Wunsch mit Pfeffer abschmecken.

Lachscreme mit Kräutern

→ Bild hinten

Für 4 Portionen

Pro Portion 3,8 Gramm Fett
Zu Toastbrot oder Baguette

100 g Räucherlachs • 150 g fettarmer Frischkäse (0,2%)
1 EL Meerrettich (Glas) oder 1 TL frisch geriebener Meerrettich
50 g Kaffeesahne (10%) • 1 Päckchen Salatkräuter (TK)
Salz • Einige Tropfen Zitronensaft

Den Lachs entgräten und in Stücke schneiden. Mit dem Frischkäse, dem Meerrettich und der Kaffeesahne pürieren. Mit den Kräutern unter den Lachs mischen, mit Salz und Zitronensaft abschmecken.

Tunfisch-Spread mit Kapern

→ Bild hinten

Für 4 Portionen

Pro Portion 0,6 Gramm Fett
Zu Baguette oder Toskana-Weißbrot

**1 Dose Tunfisch im eigenen Saft (etwa 150 g)
1/2 Bund Petersilie • 1 Knoblauchzehe • 100 g Magerjogurt
1 kleine Zwiebel • 50 g Kapern • Salz • 1–2 EL Zitronensaft
Pfeffer aus der Mühle • Cayennepfeffer**

1 Den Tunfisch auf einem Sieb kurz kalt abspülen und abtropfen lassen. Die Petersilie waschen und trockentupfen. Den Knoblauch abziehen. Alle diese Zutaten mit dem Jogurt im Mixer pürieren.

2 Die Zwiebel abziehen, würfeln und mit den Kapern zum Tunfischpüree geben. Spread mit Salz, Zitronensaft, Pfeffer und Cayennepfeffer abschmecken.

Heilbuttquark

→ Bild vorn

Für 4 Portionen

Pro Portion 1,5 Gramm Fett
Zu Vollkornbrot oder Baguette

**200 g geräucherter Heilbutt • 1/2 Päckchen italienische
Kräuter (TK) • 250 g Magerquark • Salz • Pfeffer aus der Mühle**

Den Heilbutt von Haut und Gräten befreien und in kleine Stücke teilen. Mit den Kräutern unter den Quark mischen. Den Heilbuttquark mit Salz und Pfeffer würzen.

Creme mit Shrimps und Bohnen

Für 4 Portionen

Pro Portion 3,1 Gramm Fett
Zu Walnussbrot oder Toskana-Weißbrot

100 g Shrimps • 2 EL milder Obstessig • 1 TL getrockneter Thymian
1 kleine Dose weiße Riesenbohnen (400 g) • 1/2 Bund glatte Petersilie
1 Knoblauchzehe • 1 EL Tomatenmark • 2 EL Schnittlauchröllchen
2 TL Maiskeim- oder Olivenöl • Salz • Cayennepfeffer

1 Die Shrimps kalt abspülen und trockentupfen. Mit Essig und Thymian vermischt 15 Minuten zugedeckt kühlen.

2 Die Bohnen auf ein Sieb abgießen, kalt abspülen und pürieren. Knoblauch abziehen und durch die Presse dazudrücken. Püree mit Tomatenmark, Shrimps, Schnittlauch und Öl mischen. Mit Salz und Cayennepfeffer würzen.

Roastbeef-Mousse mit Tomaten

Für 4 Portionen

Pro Portion 8,8 Gramm Fett
Zu Landbrot oder Ciabatta

150 g gebratenes Roastbeef • 1 kleine Zwiebel
2 Riesen-Champignons • 2 längliche Tomaten (Roma)
4 TL Balsamessig • 2 EL Olivenöl • 1/2 Päckchen italienische Kräuter (TK) • Salz • Pfeffer aus der Mühle

1 Das Fleisch vom Fettrand befreien. Die Zwiebel abziehen und vierteln, die Pilze putzen. Alle diese Zutaten pürieren.

2 Die Tomaten waschen, abtrocknen und fein würfeln, dabei den Stielansatz entfernen. Tomatenwürfel, Essig, Öl und Kräuter unter die Mousse mischen, Mousse mit Salz und Pfeffer würzen.

Mein Tipp

Diese Mousse schmeckt auch sehr gut, wenn Sie das Roastbeef durch milden Rinderschinken oder gegarten mageren Schweinebraten ersetzen.

Anchoviscreme mit Schnittlauch

Für 4 Portionen

Pro Portion 3 Gramm Fett
Zu Vollkornbrot oder Brezeln

1 Bund Schnittlauch • 6 Anchovisfilets (Dose; → Tipp)
400 g fettarmer Frischkäse (0,2%) • 3 EL saure Sahne
Etwa 2 TL scharfes Paprikapulver

1 Den Schnittlauch waschen, trockentupfen und in feine Röllchen schneiden. Die Anchovisfilets kalt abspülen, trockentupfen und auf einem Teller mit einer Gabel zerdrücken.

2 Den Frischkäse mit der Sahne und dem Paprika glatt rühren. Schnittlauch und Anchovis untermischen und die Creme mit Paprikapulver nachwürzen.

Meine Tipps

- ✓ Anchovisfilets sind kleine gesalzene Sardellenfilets aus dem Glas. Fein gehackt, mit Frischkäse, Schnittlauch und Paprika vermischt, ergeben sie diesen feinen Aufstrich, der pur oder unter Radieschen, Gurken oder Tomaten schmeckt.
- ✓ Mit der Creme können Sie Häppchen zum Prosecco zubereiten: In einen Spritzbeutel füllen, als dicke Rosetten auf Pumpernickeltaler oder Crackers setzen und mit Kerbelblättchen, Korianderzweig oder halbierter Kirschtomate garnieren.

Putenbrust-Pâté

→ Bild rechts

Für 4 Portionen

Pro Portion 2,7 Gramm Fett
Zu Toast oder Baguette

**200 g geräucherte Putenbrust • 30 g Lachsschinken • 2 EL Portwein
100 g fettarmer Frischkäse (0,2%) • 1/2 Bund Rucola
2 EL saure Sahne • 1 TL abgeriebene Zitronenschale (unbehandelt)
1 TL Zitronensaft • Salz • Cayennepfeffer**

1 Die Putenbrust und den Schinken (ohne Fettrand) in Stücke schneiden. Beide Zutaten mit Portwein und Frischkäse fein pürieren.

2 Die Rucolablätter waschen, trockentupfen und zerkleinern, dabei die harten Stiele entfernen. Zusammen mit der sauren Sahne unter die Creme ziehen. Die Creme mit Zitronenschale, Zitronensaft, Salz und Cayennepfeffer abschmecken.

Schinkencreme mit Kräutern

→ Bild links

Für 4 Portionen

Pro Portion 2,7 Gramm Fett
Zu beliebigen Brötchen oder Laugensemmeln

**200 g magerer roher Schinken • 1 EL körniger Senf
2 EL saure Sahne (etwa 30 g) • 1 Päckchen Salatkräuter (TK)
Salz • Pfeffer aus der Mühle**

Den Schinken vom Fettrand befreien und mit Senf und Sahne pürieren. Mit den Kräutern mischen, mit Salz und Pfeffer abschmecken.

Häckerle light

Für 4 Portionen

Pro Portion 4,4 Gramm Fett
Zu kräftigem Schwarzbrot oder Roggenbrötchen

2 mittelgroße Eier • 2 Zwiebeln • 200 g Senfgurken
100 g Lachsschinken • 1 säuerlicher Apfel • 150 g Magerjogurt
Salz • Schwarzer Pfeffer aus der Mühle • 1 EL gehackte Petersilie

1 Die Eier in etwa 8 Minuten hart kochen. Kalt abschrecken, schälen und abkühlen lassen.

2 Die Zwiebeln abziehen, die Senfgurken abtropfen lassen. Den Schinken vom Fettrand befreien. Den Apfel waschen oder schälen, achteln und vom Kerngehäuse befreien.

3 Eier, Zwiebeln, Senfgurken, Schinken und Apfel getrennt fein zerkleinern und in eine Schüssel geben.

4 Den Jogurt, wenig Salz, eine kräftige Prise groben Pfeffer und die Petersilie zugeben. Alles mit einer Gabel locker, aber gründlich mischen.

Meine Tipps

✓ Klassisches Häckerle ist die deftige Version des edlen Tatar: Brotaufstriche aus fein gehacktem Hering, Eiern, gekochtem Fleisch, Wurst oder Gemüse. Sie werden kräftig abgeschmeckt mit Kräutern und Gewürzen, gebunden mit saurer Sahne oder Mayonnaise. Bei der leichten Variante nimmt man fettarme Zutaten: Lachsschinken, Magerjogurt und Aromatisches ohne Fett wie Senfgurken, Apfel und Zwiebel.

✓ Für Heringshäckerle den Schinken durch ein Matjesfilet ersetzen. Zusätzlich eine gewürfelte Tomate und zwei Esslöffel gehackten Dill (frisch oder TK) untermischen.

✓ Für Wursthäckerle nehmen Sie fettarmen Truthahn-Bierschinken, drei gewürfelte Radieschen und einen Esslöffel gehackten Tomatenpaprika (Glas).

✓ Häckerle sind übrigens ein typisch schlesisches Rezept, das Original besteht aus gehacktem Salzhering, Äpfeln, Zwiebeln, Eiern und saurer Sahne.

Fruchtiges Schinken-Topping

→ Bild

Für 4 Portionen

Pro Portion 1,5 Gramm Fett
Zu Toast oder Crackern

**100 g körniger Frischkäse • 1 EL Salatcreme • 2 EL Fruchtcocktail (Dose)
100 g Lachsschinken • 1/2 Päckchen 8-Kräuter-Mischung (TK)
Salz • Schwarzer Pfeffer aus der Mühle**

Den Frischkäse mit der Salatcreme verrühren. Abgetropften Fruchtcocktail, gewürfelten Schinken und Kräuter untermischen, mit Salz und Pfeffer würzen.

Mein Tipp

Wenn Sie den fertigen Fruchtcocktail nicht so gern mögen, mischen Sie stattdessen eine Hand voll frische rote oder weiße Johannisbeeren unter die pikante Schinkencreme.

Kräuterleberwurst light

Für 4 Portionen

Pro Portion 5,2 Gramm Fett
Zu beliebigem Brot und Brötchen

**100 g Diät-Kalbsleberwurst • 100 g Kichererbsen (Dose)
100 g fettarmer Frischkäse (0,2%) • 1 Päckchen italienische
Kräuter (TK) • Knoblauchsalz • Pfeffer aus der Mühle**

Die Leberwurst häuten, mit den abgetropften Kichererbsen und dem Frischkäse pürieren. Mit den Kräutern mischen, mit Salz und Pfeffer abschmecken.

Gemüse-Wurst-Pâté

Für 4 Portionen

Pro Portion 3,5 Gramm Fett
Zu Weizenvollkornbrot oder Toskana-Weißbrot

Je 1 Stück (100 g) Knollensellerie, Zucchini, Blumenkohl und Kohlrabi • 1 mehlig kochende Kartoffel • 1 TL Olivenöl 1 TL Mehl • 6 EL Gemüsebrühe (Instant) • 100 g Dickmilch 100 g fettarme Geflügelwurst • 1 Bund Schnittlauch • Salz Pfeffer aus der Mühle • 1 EL Paprikamark (Ajvar; → Tipps) 1–2 TL Zitronensaft • Frisch geriebene Muskatnuss

1 Das Gemüse putzen, schälen, waschen und in Stücke schneiden. Die Kartoffel schälen, waschen und würfeln.

2 Das Öl in einem Topf erhitzen. Das zerkleinerte Gemüse und die Kartoffel darin bei schwacher Hitze unter häufigem Rühren etwa 5 Minuten schmoren. Mit dem Mehl bestreuen und einige Male umrühren.

3 Brühe zugeben, Gemüse zugedeckt bei schwacher Hitze in 15 Minuten weich garen, dabei häufig umrühren. Etwas abgekühlt mit der Dickmilch pürieren.

4 Die Wurst von der Haut befreien und in kleine Würfel schneiden. Den Schnittlauch waschen, trockentupfen und in feine Röllchen schneiden.

5 Die Paste mit Wurst und Schnittlauch mischen, mit Salz, Pfeffer, Ajvar, Zitronensaft und Muskatnuss kräftig abschmecken.

Meine Tipps

✓ Ajvar bekommen Sie in den meisten Supermärkten. Das mittelscharfe bis feurige Paprikapüree aus der Balkan-Küche schmeckt pur auf Butterbrot oder Pumpernickel mit Frischkäse, würzt Brotaufstriche, Saucen und Dips.

✓ Mit Gemüsepüree können Sie auch gekaufte Brotaufstriche »schlanker« machen, zum Beispiel Zwiebelmettwurst, Brunchcremes oder Kräuterfrischkäse.

Aus aller Welt

Mexikanische Guacamole light

Für 4 Portionen

Pro Portion 12,5 Gramm Fett
Zu krustigem Landbrot oder Vollkornbrot

1 Tomate • 1 EL frische Korianderblättchen • 2 reife Avocados
250 g Magerjogurt • Salz • Grober Pfeffer aus der Mühle

1 Die Tomate waschen, abtrocknen und klein würfeln; dabei nach Wunsch entkernen. Den Koriander waschen, trockentupfen und mit einem scharfen Messer fein schneiden.

2 Die Avocados halbieren, die Kerne herauslösen. Die Hälften schälen und das Fruchtfleisch mit einer Gabel zerdrücken. In einer Schüssel mit dem Jogurt glatt rühren. Locker mit Tomatenwürfeln und Koriander mischen und mit Salz und Pfeffer abschmecken.

Schlankes Tzatziki

Für 4 Portionen

Pro Portion 3 Gramm Fett
Zu Fladenbrot oder Toskana-Weißbrot

1/2 Salatgurke • Salz • 3 Knoblauchzehen
6 frische Minzeblätter • 300 g Magerjogurt
100 g Sahnequark • Schwarzer Pfeffer aus der Mühle
1 Prise Zucker • Einige Spritzer Zitronensaft

1 Die Gurke schälen und längs halbieren. Die Kerne herausschneiden und das Fruchtfleisch raspeln. Mit Salz bestreuen und 15 Minuten ziehen lassen.

2 Den Knoblauch abziehen und mit Salz zerdrücken. Die Minzeblättchen waschen, trockentupfen und sehr fein hacken. Jogurt und Quark verrühren.

3 Die Gurken abgießen und etwas ausdrücken. Mit Jogurtcreme, Knoblauch und Minze mischen, mit Salz, Pfeffer, Zucker und Zitronensaft abschmecken.

Mein Tipp

Noch cremiger schmeckt das Tzatziki mit abgetropftem Jogurt: Ein großes Sieb mit einem Mulltuch auslegen und über eine ausreichend große Schüssel legen, damit sich die abtropfende Flüssigkeit am Boden der Schüssel sammelt und das Sieb nicht berührt.

Provenzalische Zwiebelkonfitüre

Für 4 Portionen

Pro Portion 5,5 Gramm Fett
Zu französischem Landbrot oder Toast

500 g rote Zwiebeln • 2 Knoblauchzehen
1 gehäufter TL getrocknete Kräuter der Provence
2 EL Olivenöl • 1/8 l trockener Weißwein • 3 EL Balsamessig
Salz • Cayennepfeffer • 1–2 EL Orangensaft • 1 EL gehackte Zitronenmelisse oder Petersilie

1 Die Zwiebeln und den Knoblauch abziehen, fein zerkleinern und mit den Kräutern im heißen Öl bei schwacher Hitze unter Rühren glasig braten.

2 Wein und Essig zugeben, aufkochen und die Konfitüre bei mittlerer Hitze dick einkochen. Mit Salz, Cayennepfeffer und Orangensaft würzen und abkühlen lassen. Zum Servieren die Zitronenmelisse untermischen.

Mein Tipp

In Frankreich isst man die Konfitüre gern zu kaltem Braten, Gänseleberpastete und Fleischterrrinen mit Wild oder Wildgeflügel.

Türkische Karotten-creme

→ Bild

Für 4 Portionen

Pro Portion 8,7 Gramm Fett
Zu türkischem oder arabischem Fladenbrot

600 g Karotten • 2 EL Gemüsebrühe • 2 EL Zitronensaft
1/2 TL Zucker • 2 TL Mandelstifte • 2 TL natives Olivenöl
150 g griechischer oder türkischer Jogurt • 1/2 TL Paprikaflocken
1 EL gehackte Petersilie • Salz

1 Karotten schälen, waschen und würfeln. Mit Brühe, Zitronensaft und Zucker in etwa 15 Minuten weich kochen. Pürieren und abkühlen lassen.

2 Die Mandeln im Olivenöl bei schwacher Hitze goldgelb rösten und auf die Creme streuen. Karottencreme mit Jogurt, Paprikaflocken und Petersilie verrühren. Mit Salz abschmecken und mit den Mandeln bestreut in einer Schüssel anrichten.

Gewürzter Feta

Für 4 Portionen

Pro Portion 8,8 Gramm Fett
Zu Brottalern oder Fladenbrot

100 g Mixed Pickles (Glas) • 1 kleine Zwiebel
150 g Schafskäse (Feta; 40%) • 150 g körniger Frischkäse
1 EL italienische Kräuter (TK)

Die abgetropften Mixed Pickles und die geschälte Zwiebel fein zerkleinern. Den Schafskäse zerbröckeln. Alles mit Frischkäse und Kräutern mischen.

Türkisches Auberginenpüree

Für 4 Portionen

Pro Portion 3 Gramm Fett
Zu türkischem oder arabischem Fladenbrot

2 kleine Auberginen (etwa 500 g) • 2 Knoblauchzehen
1 Hand voll frische Minze (ersatzweise Basilikum oder Zitronenmelisse) • 2 EL griechischer oder türkischer Jogurt (etwa 30 g)
1 EL Olivenöl • 1–2 TL Zitronensaft • Salz
Schwarzer Pfeffer aus der Mühle

1 Den Backofengrill auf die höchste Stufe schalten. Die Auberginen waschen und der Länge nach halbieren. Mit den Schnittflächen nach oben auf ein Backblech legen, in den heißen Backofen (mittlere Schiene) schieben und in etwa 15 Minuten weich backen.

2 Inzwischen den Knoblauch abziehen, die Minze waschen, trockentupfen, die Blättchen abzupfen und fein zerkleinern.

3 Die Auberginen herausnehmen und etwas abkühlen lassen. Die Schale abziehen, das Fruchtfleisch mit dem Knoblauch pürieren oder mit dem Kartoffelstampfer so fein wie möglich zerdrücken.

4 Die Minze, den Jogurt und das Öl zugeben und alles vermischen. Mit Zitronensaft, Salz und Pfeffer abschmecken.

Meine Tipps

✓ Für scharf gewürztes Auberginenmus bei Schritt 4 mit Zitronensaft noch ein Stück Fetakäse fein zerbröckeln und mit einem Teelöffel Paprikaflocken untermischen. Den Jogurt weglassen.

✓ Für Gemüserollen pro Portion ein arabisches Fladenbrot mit dem Püree bestreichen. Je einen Esslöffel Tomatenwürfel, geraspelte Karotten und Salatgurken sowie reichlich gehackte Kräuter darauf verteilen. Mit Salz und Pfeffer würzen und aufrollen.

✓ Das Püree hält sich gut zugedeckt im Kühlschrank etwa zwei Tage frisch. Zum Servieren sollte es nicht eiskalt sein.

Pilzkaviar russische Art

Für 4 Portionen

Pro Portion 5,3 Gramm Fett
Zu Krusten- oder Kartoffelbrot

500 g Austernpilze und Champignons gemischt
1 mittelgroße Zwiebel • 2 EL Öl • Salz
Schwarzer Pfeffer aus der Mühle • 2–3 EL Zitronensaft

1 Die Austernpilze mit Küchenpapier abreiben und eventuell zähe Stiele entfernen. Die Champignons putzen, gegebenenfalls kurz waschen und mit Küchenpapier trockentupfen. Alle Pilze mit dem Wiegemesser sehr fein zerkleinern.

2 Die Zwiebel abziehen, fein hacken und im heißen Öl bei schwacher Hitze glasig braten. Die Pilze zugeben und bei starker Hitze 5 bis 10 Minuten schmoren, bis die Flüssigkeit verdampft ist.

3 Den Pilzkaviar abkühlen lassen. Mit Salz, Pfeffer und Zitronensaft kräftig abschmecken.

Meine Tipps

✓ Im russischen Originalrezept nimmt man frische Mischpilze, die man in reichlich sprudelnd kochendem Wasser drei Minuten gart. Abgießen, abkühlen lassen und durch den Fleischwolf drehen. Das Pilzmus dann wie in Schritt 2 mit der Zwiebel im heißen Öl schmoren.

✓ Der »fischlose« Kaviar aus Pilzen oder auch Zucchini ist ein Traditionsrezept zu Blinis, den köstlich butterigen Eierkuchen aus Buchweizen- oder Weizenmehl, die man als Vorspeise isst. Wer sich echten Kaviar oder Räucherlachs dazu nicht leisten konnte, servierte einfach die vegetarische Variante.

✓ Für Zucchini-»Ikra« (Ikra ist das russische Wort für Kaviar, Störrogen) 500 Gramm kleine Zucchini und junge Karotten waschen oder schaben und fein reiben. Mit einer mittelgroßen, gewürfelten Zwiebel in zwei Esslöffeln Sonnenblumenöl bei starker Hitze 10 Minuten schmoren. Abgekühlt mit zwei gewürfelten Tomaten und einem Esslöffel gehackter Petersilie mischen. Mit Salz und Pfeffer kräftig würzen.

Italienische Tomatenpaste mit Basilikum

Für 4 Portionen

Pro Portion 4 Gramm Fett
Zu Ciabatta oder Sandwichbrot

**3 vollreife Fleischtomaten • 1 rote Paprikaschote • 1/2 Bund Lauchzwiebeln
1 Bund Basilikum • 2 getrocknete Tomaten in Öl (→ Tipp Seite 72)
1 Knoblauchzehe • Salz • Pfeffer aus der Mühle • 2 TL roter Balsamessig
1 EL Öl der eingelegten Tomaten**

1 Die Tomaten mit kochendem Wasser übergießen, abziehen, vierteln und entkernen. Paprikaschote waschen, vierteln, die Kerne und Trennwände herausschneiden. Die Lauchzwiebeln putzen und waschen. Das Basilikum waschen, trockentupfen, die Blättchen abzupfen.

2 Alle diese Zutaten und die getrockneten Tomaten so fein zerkleinern, dass ein Mus entsteht; dabei auch die grünen Blätter der Lauchzwiebeln verwenden.

3 Den Knoblauch abziehen und durch die Presse dazudrücken. Die Paste mit Salz, Pfeffer, Balsamessig und dem Tomatenöl abschmecken.

Meine Tipps

✓ Nehmen Sie möglichst nur ganz reife Fleischtomaten, die viel Fruchtfleisch enthalten. Bei anderen Tomatensorten müssen Sie vor dem Zerkleinern die Kerne entfernen, sonst wird die Paste wässrig.

✓ Für italienische Tramezzini (Sandwiches) pro Portion zwei Scheiben Sandwichbrot oder Toast entrinden. Mit der Nudelrolle flachrollen, damit die Brotscheiben dünn und kompakt sind. Mit Tomatenpaste bestreichen, mit frischen Tomatenscheiben und zwei Scheiben gewürfeltem Lachsschinken belegen, mit einer zweiten Scheibe Brot abdecken und mit einem Brett etwa fünf Minuten beschweren.

✓ Für Eier-Crostini pro Portion ein Ei mit einem Esslöffel italienischen Kräutern (TK), Salz und Pfeffer aus der Mühle verquirlen und in einer beschichteten Pfanne mit einem Teelöffel Öl als Rührei braten. Eine fingerdicke Scheibe Ciabatta im Toaster rösten. Mit der Tomatenpaste bestreichen, das Ei darauf anrichten.

Sandwich-Spread

Für 4 Portionen

Pro Portion 5,8 Gramm Fett
Zu Kastenweißbrot oder Bagels

150 g fettarmer Frischkäse (0,2%) • 50 g Salatcreme (30%)
1 EL scharfer Senf • 1 Päckchen Salatkräuter (TK)
1 Scheibe Tilsiter Käse (20 g; 30% F.i.Tr.) • 50 g Lachsschinken
3 Stücke getrocknete Tomaten (→ Tipp) • 2 Gewürzgurken
3 Kapernäpfel (ersatzweise Kapern; → Tipp) • Salz • Zitronenpfeffer

1 Den Frischkäse mit der Salatcreme und dem Senf glatt rühren. Die Salatkräuter untermischen.

2 Den Tilsiter, den Lachsschinken (ohne Fettrand), die getrockneten Tomaten und die abgetropften Gurken ganz fein zerkleinern. Die Kapernäpfel von den Stielen befreien und grob hacken.

3 Alle diese Zutaten unter die Käsecreme mischen. Spread mit Salz und Zitronenpfeffer abschmecken.

Meine Tipps

- ✓ An der Sonne getrocknete Flaschentomaten gibt es abgefüllt in Tüten oder Gläsern: Würzig durch die Fruchtsäure und das typische Tomatenaroma, eignen sie sich für Brotaufstriche, Suppen und Nudelsaucen. Eingelegt in Öl sind sie natürlich fettreicher.
- ✓ Kapern sind die geschlossenen Blütenknospen des Kapernstrauches, Kapernäpfel mit Stiel die Früchte, die sich aus den Blüten entwickelt haben. Beides gibt es in Salzlake, Essig oder Öl eingelegt, Kapern auch mit Salz vermischt.
- ✓ Für die typisch englischen Gurkensandwiches pro Person zwei Scheiben Kastenweißbrot von der Rinde befreien und dünn mit dem Spread bestreichen. Eines der Brote schuppenförmig mit hauchdünnen Salatgurkenscheiben belegen und dick mit Schnittlauchröllchen bestreuen. Das zweite Brot mit der bestrichenen Seite auf die Gurken legen und leicht festdrücken. Das Sandwich diagonal halbieren.

Mexikanisches Kürbispüree

Für 6 Portionen

Pro Portion 5 Gramm Fett
Zu krustigem Weißbrot oder Vollkornbrot

1 Stück Kürbis (roter Hokkaido; etwa 500 g)
3 Knoblauchzehen • Salz • 1 Zwiebel • 1 grüne Chilischote
2 EL Olivenöl • 2 EL Tomatenstücke (Dose) • 2 EL Zitronensaft
100 g fettarmer Frischkäse (0,2%) • 1 EL frische Koriander-blättchen • Schwarzer Pfeffer aus der Mühle • 1 Prise Zucker

1 Den Kürbis schälen, von den Kernen befreien und würfeln. Den Knoblauch abziehen und mit Salz zerdrücken. Die Zwiebel abziehen und fein hacken. Die Chilischote von Trennwänden und Kernen befreien, kalt abspülen und ganz fein zerkleinern.

2 Das Öl in einer Pfanne erhitzen, die Zwiebel darin bei schwacher Hitze glasig braten. Kürbis, Knoblauch, Chili, Tomatenstücke und Zitronensaft zugeben. Zugedeckt bei mittlerer bis schwacher Hitze etwa 20 Minuten garen, bis der Kürbis sehr weich ist. Etwas abgekühlt mit dem Stabmixer pürieren, dabei den Frischkäse untermischen.

3 Den Koriander waschen, trockentupfen und mit einem scharfen Messer fein schneiden. Das Püree damit mischen, mit Salz, Pfeffer und Zucker kräftig abschmecken und etwa 30 Minuten ziehen lassen.

Meine Tipps

✓ Nach dem Putzen und Zerkleinern von frischen oder getrockneten Chilis muss man Arbeitsgeräte und Hände gründlich waschen. Denn die Schärfe der Schoten haftet auch an der Haut, und es schmerzt stark, wenn man versehentlich Nase oder gar Augen berührt. Menschen mit empfindlicher Haut sollten beim Vorbereiten von Chilis sogar Haushaltshandschuhe tragen. Chilis – egal in welcher Form – von Kindern unbedingt fernhalten!
✓ Wenn Sie keinen Hokkaido-Kürbis bekommen, können Sie auch eine andere feine Kürbissorte verwenden, zum Beispiel den grünen Muskatkürbis.
✓ Das Püree hält sich zugedeckt im Kühlschrank höchstens zwei Tage.

Paprikatopping mit Rucola

Für 4 Portionen

Pro Portion 2,9 Gramm Fett
Zu Bagels oder Baguettebrötchen

4 rote Paprikaschoten (etwa 600 g) • 2 TL Balsamessig
1 EL natives Olivenöl extra • 2 Stangen Sellerie • 2 Bund Rucola
Salz • Pfeffer aus der Mühle • 1–2 TL Paprikaflocken

1 Den Backofen auf 250 °C (Umluft 220 °C, Gas Stufe 5) vorheizen. Die Paprikaschoten auf den Rost legen, in den heißen Backofen schieben und backen, bis die Haut Blasen wirft.

2 Herausnehmen, mit einem feuchten Tuch bedeckt etwas abkühlen lassen. Die Haut mit einem spitzen kleinen Messer vorsichtig abziehen. Die Schoten pürieren, dabei Essig und Öl zugeben.

3 Die Selleriestangen waschen, abtrocknen und mit dem Selleriegrün ganz fein zerkleinern. Rucola waschen, trockentupfen und sehr fein hacken. Dabei eventuell harte Stiele entfernen.

4 Paprikapüree mit Sellerie und Rucola mischen, mit Salz, Pfeffer und Paprikaflocken abschmecken.

Meine Tipps

✓ Ein Rezept aus dem Süden der USA. Abziehen der Schoten muss sein, damit das Topping sämig wird.

✓ Für Hot-Pepper-Bagels das Topping noch mit Chiliflocken würzen. Pro Portion ein Bagel halbieren, mit Paprikatopping bestreichen und mit körnigem Frischkäse belegen.

✓ Bagels, runde Milchbrötchen mit Loch in der Mitte, gelten als typisch amerikanisch, stammen aber aus Europa. Daher auch das Wort: »Nuss-Beugel« ist in Österreich ein Hörnchen mit saftiger Nussfüllung. Beugel waren ursprünglich nahrhafte Gebäckstücke für Frauen im Kindbett, die zu Kräften kommen sollten. So jedenfalls heißt es in einer polnischen Aufzeichnung aus dem Jahre 1610.

Kichererbsencreme

Für 6 Portionen

Pro Portion 5,8 Gramm Fett
Zu Fladenbrot oder hellem Weizenbrot

1 große Dose Kichererbsen (etwa 800 g) • 2 Knoblauchzehen
50 g fettarmer Frischkäse (0,2%) • 1 EL gesalzene Erdnusskerne
1/4 TL gemahlener Kreuzkümmel • 2–3 EL Zitronensaft
1 EL natives Olivenöl extra • Salz • 1 EL gehackte Petersilie
1/2 TL Paprikaflocken oder etwas Paprikapulver

1 Die Kichererbsen abgießen, kräftig kalt abspülen und gut abtropfen lassen. Den Knoblauch abziehen. Beide Zutaten mit dem Frischkäse, den Erdnüssen, dem Kreuzkümmel und 2 Esslöffeln Zitronensaft pürieren.

2 Mit dem Olivenöl mischen, mit Salz und eventuell dem restlichen Zitronensaft abschmecken und in einer Schüssel anrichten. Mit Petersilie und Paprikaflocken bestreuen.

Meine Tipps

- ✓ Die klassische Kichererbsencreme – Hummus – stammt aus der Küche des Nahen Ostens; man tunkt sie entweder mit Brot auf oder füllt sie mit Tomaten, Salat und Frikadellen aus Hackfleisch, Kichererbsen oder Getreideschrot in Pitabrote. Original bereitet man Hummus mit Sesammus (→ Tipp Seite 39) zu, das Sie in türkischen Supermärkten und Reformhäusern bekommen. Die Variante hier mit Frischkäse enthält viel weniger Fett und schmeckt durch die Erdnüsse genauso herzhaft.
- ✓ Für scharfes Hummus nur eine Knoblauchzehe nehmen und zusätzlich eine getrocknete rote Chilischote mitpürieren.
- ✓ »Natives Olivenöl extra« heißt die erste Güteklasse bei Olivenöl – direkt aus den Oliven gepresst und nicht mit chemischen Hilfsstoffen extrahiert. Der Anteil der gesunden Fettsäuren ist in dieser »ersten Pressung« besonders hoch – deshalb gilt solches Öl als Schutz vor Herz- und Kreislaufbeschwerden.
- ✓ Nehmen Sie hierfür getrost Kichererbsen aus der Dose, sonst brauchen Sie viel Zeit, um getrocknete Kichererbsen über Nacht einzuweichen und anschließend mindestens eine Stunde weichzukochen.

Süß und fruchtig

Ananas-Spread mit Pistazien

Für 4 Portionen

Pro Portion 1,9 Gramm Fett
Zu Vollkornbrot oder Rosinenbrötchen

1 kleine Dose Ananasstücke (etwa 420 g) • 200 g fettarmer Frischkäse (0,2%) • 2 EL Zitronensaft • 1 EL gesalzene Pistazienkerne • 1 TL abgeriebene Zitronenschale (unbehandelt) 1–2 TL brauner Zucker

Ananasstücke mit Frischkäse und Zitronensaft pürieren. Pistazienkerne hacken und mit Zitronenschale und Zucker untermischen.

Mein Tipp

Frische Ananas eignet sich nicht für das Spread, weil das Enzym Bromelain darin den Frischkäse bitter macht.

Lemon Curd light

Für 4 Portionen

Pro Portion 11 Gramm Fett
Zu hellem oder Vollkorntoast

1/8 l Zitronensaft • 100 g Puderzucker • 2 kleine Eier 1 EL Speisestärke • 50 g weiche Jogurtbutter • 1 TL abgeriebene Zitronenschale (unbehandelt) • 100 g dickes Apfelmus

1 Den Zitronensaft mit dem Puderzucker in einem Kochtopf verrühren, bis sich der Zucker gelöst hat.

2 Den Topf auf die Kochstelle setzen. Die Eier mit der Speisestärke verquirlen und zugeben. Die Butter zufügen und alles unter ständigem Rühren zum Kochen bringen, bis die Creme dick ist.

3 Von der Kochstelle nehmen, die Zitronenschale und das Apfelmus unterrühren und abkühlen lassen.

Meine Tipps

✓ Apfelmus ist im Originalrezept nicht enthalten, macht das Lemon Curd aber leichter. Man streicht diese Zitronencreme dünn auf den gerösteten, warmen Toast. Sie hält sich in einem sauber ausgespülten Schraubglas verschlossen im Kühlschrank etwa zwei Tage frisch.
✓ Lemon Curd schmeckt nicht nur auf Toast oder frisch gebackenen Muffins. Sie können damit auch Kuchen füllen - etwa eine Biskuitroulade.

Holunder-Pfirsich-Konfitüre

Für 5 Gläser à ca. 250 g

Pro Portion 0 Gramm Fett
Zu jedem Brot

1 große Dose Pfirsiche (etwa 800 g) • 200 ml Holundersaft
250 g Gelierzucker (»3 plus 1«) • Saft von 1 Zitrone

1 Die Pfirsiche mit dem Saft aus der Dose und dem Holundersaft pürieren. Mit dem Gelierzucker in einem großen Edelstahltopf vermischen und mindestens zwei Stunden zugedeckt in einem kühlen Raum ziehen lassen.

2 Die Konfitüre unter Rühren zum Kochen bringen. Sobald sie sprudelnd kocht, noch vier Minuten bei mittlerer Hitze weiter kochen. Dabei ständig rühren.

3 Den Zitronensaft untermischen, die kochend heiße Konfitüre in saubere, heiß ausgespülte Twist-off-Gläser (→ Tipp Seite 90) füllen und sofort verschließen.

Aprikosen-Pflaumen-Mus

Für 2 Gläser à ca. 250 g

Pro Portion (à 20 g) 0,1 Gramm Fett
Zu jedem Brot

**1 unbehandelte Orange • 150 g entsteinte Trockenpflaumen
150 g getrocknete Aprikosen • 1/8 l roter Traubensaft
2 TL brauner Zucker • 1/2 TL Zimtpulver • Je 1 Messerspitze
Ingwerpulver und gemahlene Vanille (→ Tipp)
Eventuell 1 EL Orangenlikör**

1 Die unbehandelte Orange heiß abspülen und abtrocknen. Etwa 1 Esslöffel Schale dünn abreiben, den Saft auspressen.

2 Die Trockenpflaumen und die Aprikosen grob zerschneiden. Mit dem ausgepressten Orangensaft und der abgeriebenen Schale, Traubensaft, Zucker, Zimt, Ingwer und der Vanille vermischen. Zugedeckt etwa vier Stunden ziehen lassen, bis die Früchte ganz weich sind.

3 Das Obst in der Flüssigkeit pürieren. Das Mus nach Wunsch mit Orangenlikör abschmecken. In sauber ausgespülte Twist-off-Gläser füllen.

Meine Tipps

✓ Gemahlene Vanille besteht aus den pulverfein zerkleinerten Schoten. Man bekommt sie in Tütchen abgepackt bei den Backzutaten im Supermarkt.

✓ Vanille-Aroma entfaltet sich am besten mit Zucker – egal, ob weiß oder braun. Wenn Sie das Mus lieber mit Honig oder Sirup mögen, müssen Sie die Vanille etwas stärker dosieren, damit sie trotz des intensiven Eigengeschmacks dieser Süßmittel zur Geltung kommt.

✓ Nehmen Sie möglichst ungeschwefeltes Trockenobst, auch wenn die Aprikosen dann nicht so schön hell sind. Der Konservierungsstoff Schwefeldioxid macht empfindlichen Menschen Kopfschmerzen und kann bei Asthmatikern einen Anfall auslösen. Außerdem vermindert er den Vitamin-B-Gehalt des Obstes. Auf der Packung muss vermerkt sein, ob und wie stark die Früchte geschwefelt sind.

✓ Das Mus hält sich verschlossen im Kühlschrank zehn Tage frisch.

Dattelspread mit Nüssen

Für 4 Portionen

Pro Portion 6,3 Gramm Fett
Zu Toast oder Sesamknäcke

150 g frische Datteln • 5 getrocknete Aprikosen
60 g Cashewnusskerne • 1/8 l Apfelsaft
2 EL Zitronensaft • 1 EL Vanillezucker

Die Datteln entsteinen, die Aprikosen in Stücke schneiden, die Mandeln grob hacken. Alles mit dem Apfelsaft und dem Zitronensaft pürieren. Mit dem Vanillezucker abschmecken.

Erdbeercreme

→ Bild

Für 4 Portionen

Pro Portion 0,4 Gramm Fett
Zu Bagels oder Sonnenblumenbrot

300 g Erdbeeren • 200 g fettarmer Frischkäse (0,2 %)
1–2 EL Puderzucker oder 1 EL brauner Zucker
Zitronensaft nach Geschmack

Die Erdbeeren waschen, trockentupfen, abzupfen und mit dem Frischkäse pürieren. Mit Puderzucker und Zitronensaft abschmecken.

Mein Tipp

Die Erdbeercreme wird noch sahniger, leider aber auch etwas fettreicher, wenn Sie zusätzlich noch 2 Esslöffel Schmant unterrühren.

Crunchy-Marmeladen-Quark

→ Bild

Für 4 Portionen

Pro Portion 1,2 Gramm Fett
Zu Milchbrötchen oder Bagels

300 g Cremequark (0,2%; → Tipp) • 3 EL beliebige Konfitüre
3 EL Crunchy-Nut-Müsli

Den Quark mit der Konfitüre glatt rühren. Das Müsli mit einer Gabel locker untermischen. Quark sofort servieren.

Meine Tipps

✓ Cremequark mit 0,2 Prozent Fett gibt es im Kühlregal des Supermarkts.
✓ Milchbrötchen oder Bagels halbieren, dick mit dem Quark bestreichen und mit halbierten Erdbeeren oder entsteinten Kirschen belegen.

Kokoscreme mit Pflaumen

Für 4 Portionen

Pro Portion 7,8 Gramm Fett
Zu Hefezopf oder Milchbrötchen

200 g getrocknete Soft-Pflaumen • 50 g Kokosraspel
2 EL Magerquark (etwa 60 g) • 1/8 l Orangensaft
1 Msp. Lebkuchengewürz • 1–2 TL Honig

Die Pflaumen mit Kokosraspel, Quark und mit gut der Hälfte des Orangensafts im Mixer oder Blitzhacker pürieren. Die Creme mit dem restlichen Orangensaft, Lebkuchengewürz und Honig abschmecken.

Bananen-Vanille-Creme

Für 4 Portionen

Pro Portion 0,7 Gramm Fett
Zu Früchtebrot oder Rosinenstuten

1 Päckchen Vanillepuddingpulver (ohne Kochen)
1/4 l fettarme Milch (1,5 %) • 2 reife Bananen (etwa 300 g)
2 EL Zitronensaft • 1 EL Ahornsirup oder Honig

Das Puddingpulver mit der Milch zu einem dicken Pudding rühren. Die Bananen schälen und in Stücke teilen. Mit Pudding, Zitronensaft und Sirup oder Honig im Mixer pürieren.

Mein Tipp

Die Creme schmeckt auch auf Apfelbrot: Kerniges Vollkornbrot dick damit bestreichen, mit Apfelspalten belegen und mit etwas Zimtzucker bestreuen.

Tofucreme mit Kirschen

→ Bild

Für 4 Portionen

Pro Portion 4,3 Gramm Fett
Zu Hefezopf oder süßen Reiswaffeln

300 g Kirschen • 250 g Tofu • 1 EL Schmant
2 EL Honig • 2 EL Orangensaft • 1–2 TL Vanillezucker

Die Kirschen waschen, trockentupfen und entsteinen. Mit dem abgetropften Tofu, Schmant, Honig und Orangensaft im Mixer pürieren. Mit dem Vanillezucker abschmecken.

Apfel-Bananen-Konfitüre

Für 6 Gläser à ca. 250 g

Pro Portion 0 Gramm Fett
Zu jedem Brot

500 g reife Bananen (geschält gewogen) • 1/2 l naturtrüber Apfelsaft • 500 g Gelierzucker (»2 plus 1«) • Je 2 EL Rum und Orangensaft

1 Die Bananen mit dem Apfelsaft pürieren. Mit dem Gelierzucker in einem großen Edelstahltopf sehr gut vermischen und mindestens zwei Stunden zugedeckt in einem kühlen Raum ziehen lassen.

2 Die Mischung unter ständigem Rühren zum Kochen bringen. Sobald sie sprudelnd kocht, noch vier Minuten bei mittlerer Hitze weiterkochen. Dabei ständig rühren.

3 Rum und Orangensaft untermischen, die Konfitüre abschäumen (→ Tipps Seite 92) und kochend heiß in saubere, heiß ausgespülte Twist-off-Gläser (→ Tipp) füllen und sofort verschließen.

Meine Tipps

✓ Die Gläser zum Einkochen müssen sehr sauber sein, damit sich die Konfitüre gut hält: Einen großen Topf mit reichlich Wasser füllen. Die Twist-off-Gläser mit den Deckeln hineinlegen und das Ganze bis knapp unter den Siedepunkt – bis im Wasser kleine Bläschen aufsteigen – erhitzen. Gläser erst unmittelbar vor dem Füllen herausnehmen und umgestülpt kurz auf einem sauberen Küchentuch austropfen lassen. Nun die Konfitüre kochend heiß einfüllen und die Gläser sofort verschließen.

✓ Achtung: Konfitüre einkochen ist buchstäblich eine »heiße« Angelegenheit. Sie sollten deshalb mit Haushaltshandschuhen arbeiten, damit Sie sich nicht verbrennen.

✓ Konfitüre mit Gelierzucker gekocht geht am schnellsten und einfachsten. Und ist besonders preiswert. Selbstverständlich können Sie auch andere Geliermittel verwenden – zum Beispiel Apfelpektin oder Agar-Agar (aus Meeresalgen) aus dem Reformhaus.

Feigenspread mit Orange

Für 4 Portionen

Pro Portion 0,6 Gramm Fett
Zu Mohnbrötchen oder Milchbrötchen

6 große getrocknete Feigen • 1/4 l Orangensaft
2–3 EL Magerjogurt • Zimtzucker nach Geschmack

1 Die Feigen im Orangensaft etwa fünf Stunden quellen lassen, bis sie ganz weich sind. Mit dem Saft und 2 Esslöffel Jogurt pürieren.

2 Falls das Spread zu fest ist, den restlichen Jogurt untermischen. Nach Belieben mit Zimtzucker abschmecken.

Englische Orangen-Tee-Creme

Für 6 Portionen

Pro Portion 0,7 Gramm Fett
Zu Vollkorntoast oder Grahambrot

1 Beutel Yogi-Tee • 100 ml heiße Milch
400 g fettarmer Frischkäse (0,2 %)
2 EL bittere Orangenmarmelade

1 Den Yogi-Tee in der heißen Milch 10 Minuten ziehen lassen. Teebeutel herausnehmen und dabei gut ausdrücken.

2 Den Frischkäse mit der Milch glatt rühren. Die Orangenmarmelade untermischen. Die Creme bis zum Servieren mindestens zwei Stunden zugedeckt im Kühlschrank ruhen lassen.

Tomatenkonfitüre mit Ingwer

Für 8 Gläser à ca. 250 g

Pro Portion 0 Gramm Fett
Zu Vollkornbrot und Toast

1 kg vollreife Tomaten (geschält gewogen) • 50 g eingelegter Ingwer in Sirup • 1 kg Gelierzucker (»1 plus 1«) Saft von 1 Zitrone • 2 EL Ingwersirup

1 Die Tomaten mit kochendem Wasser übergießen, abziehen, in Stücke schneiden und dabei die Stielansätze entfernen. Den Ingwer in kleine Würfel schneiden. Beide Zutaten mit dem Gelierzucker in einem großen Edelstahltopf vermischen und mindestens zwei Stunden zugedeckt kühl stellen.

2 Die Tomaten mit einem Kartoffelstampfer etwas zerdrücken. Mischung unter ständigem Rühren zum Kochen bringen. Sobald sie sprudelnd kocht, noch vier Minuten bei mittlerer Hitze weiterkochen. Dabei ständig rühren.

3 Zitronensaft und Ingwersirup untermischen, die kochend heiße Konfitüre in saubere, heiß ausgespülte Twist-off-Gläser (→ Tipps Seite 90) füllen und sofort verschließen.

Meine Tipps

✓ Jede Konfitüre sollten Sie abschäumen: Nach der oben angegebenen Kochzeit den Schaum, der sich bildet, mit einem breiten, großen Löffel abnehmen und in eine Schale füllen. Der Schaum schmeckt genauso gut wie die Konfitüre, sieht nur nicht so schön aus.

✓ Wer die Konfitüre schärfer mag, mischt bei Schritt 3 noch 1 bis 2 Teelöffel Paprikaflocken darunter.

✓ Tomatenkonfitüre können Sie auch mit grünen Früchten kochen, die am Stock nicht mehr reif werden: Zum Beispiel mit 400 Gramm grünen Tomaten und 600 Gramm Pfirsichen (geschält und entsteint gewogen). Oder mit 500 Gramm Tomaten und 500 Gramm Orangensaft. Die gewaschenen Tomaten in grobe Stücke schneiden und pürieren. Mit den gewürfelten Pfirsichen oder dem Orangensaft sowie jeweils 500 Gramm Gelierzucker »1 plus 2« mischen, ziehen lassen und wie oben kochen.

Über dieses Buch

Die Autorin

Dr. Barbara Rias-Bucher, Mitglied des Food Editor Clubs, arbeitet seit über 20 Jahren für renommierte Verlage. International bekannt wurde sie durch ihre mehrfach ausgezeichneten Bücher zu vegetarischer und vollwertiger Ernährung. Die Auflage ihrer über 150 Bücher liegt bei 2,5 Millionen.
Barbara Rias-Bucher zählt zu den wichtigsten deutschen Autoren für Koch- und kulinarische Sachbücher. Sie gilt als Expertin für alternative Ernährungsformen, die auch Feinschmecker mögen. Daneben hat sich die studierte Historikerin auf regionale kulinarische Traditionen und auf die internationale Kultur des Essens spezialisiert.

Der Fotograf

Karl Newedel, Münchener Fotodesigner, sammelte nach seiner Ausbildung zum Koch nationale wie internationale Erfahrung in großen Häusern, bevor er sich 1982 als freischaffender Food-Stylist einen Namen machte. Seit 1996 agiert er selbst hinter der Kamera und gibt mit seinen Fotografien zahlreichen Büchern ein unverwechselbares Gesicht.

Bildnachweis

Alle Fotos Karl Newedel, München, außer: Helga Florian, Weiden: 8/9, 18/19

Haftungsausschluss

Die Inhalte dieses Buches sind sorgfältig recherchiert worden. Dennoch kann weder die Autorin noch der Verlag für die Angaben in diesem Buch eine Haftung übernehmen.

Hinweis in eigener Sache

Unsere Rezepte werden von erfahrenen Autoren kreiert und erprobt. Wir freuen uns jedoch über Anregungen, Tipps oder Kritik und helfen bei Fragen gerne weiter. Bitte wenden Sie sich an: Weltbild Buchverlag, Steinerne Furt 67, 86167 Augsburg oder schicken Sie uns eine E-Mail an: Gabriele.Beck@weltbild.com

Impressum

Weltbild Buchverlag
–Originalausgaben–

2. Auflage 2006

Projektleitung: Dr. Ulrike Strerath-Bolz
Redaktion: Dorothea Steinbacher
Umschlaggestaltung und Layout:
X-Design, München
Umschlagabbildung: Karl Newedel,
München
Satz: Avak Publikationsdesign, München
Reproduktion: Point of Media GmbH,
Augsburg
Druck und Bindung: TYPOS-Digital Print,
spol. s r. o., Podnikatelská 1160/14,
CZ-320 59 Plzen

Gedruckt auf chlorfrei gebleichtem Papier

Printed in Czech Republic

ISBN 3-89897-314-X

Impressum

Alle Rezepte von A bis Z

Löffelweise gewogen

1 EL Butter = 15 g
1 TL Butter = 5 g
1 EL Crème fraîche = 15 g
1 TL Crème fraîche = 5 g
1 EL gehackte Kräuter = 5 g
1 EL gehackte Zwiebel = 10 g
1 EL geriebener Käse = 10 g
1 EL Mehl = 10 g
1 EL Öl = 10 g
1 EL Reis = 15 g
1 EL Sahne = 10 g
1 EL Salz = 15 g
1 TL Salz = 5 g
1 EL Paniermehl = 10 g
1 EL Senf = 15 g
1 EL Zucker = 15